❷皮卡迪里 145 號
伊莉莎白少女時期生活的住處。➲P22

❶萊昂伯爵府
伊莉莎白母親的娘家。伊莉莎白於1926年4月21日誕生。➲P18

⑯銀禧步道
伊莉莎白邀請生病少女參加慶典。➲P137

倫敦放大圖
攝政公園
國王十字路車站
聖潘克拉斯站
尤斯頓站（倫敦地鐵）
馬里波恩站
杜莎夫人蠟像館
大英博物館
柏丁頓站
牛津街
大理石拱門
皮卡迪里圓環
國家藝廊
查令十字路
海德公園
肯辛頓花園
聖詹姆士公園
滑鐵盧站
倫敦自然史博物館
斯隆街
克倫威爾路
維多利亞站
沃克斯豪爾站
布朗普頓公墓
泰晤士河
巴特西公園

⑫肯辛頓宮
王族的住處。查爾斯在王儲時期曾與黛安娜前王妃住在這裡。➲P94

❺白金漢宮
英國國王的寓所兼辦公廳。伊莉莎白也住在這裡。➲P32

❹西敏宮
英國議會的所在地。伊莉莎白的祖父喬治五世的葬禮在這裡舉行。➲P27

伊莉莎白二世 相關地圖

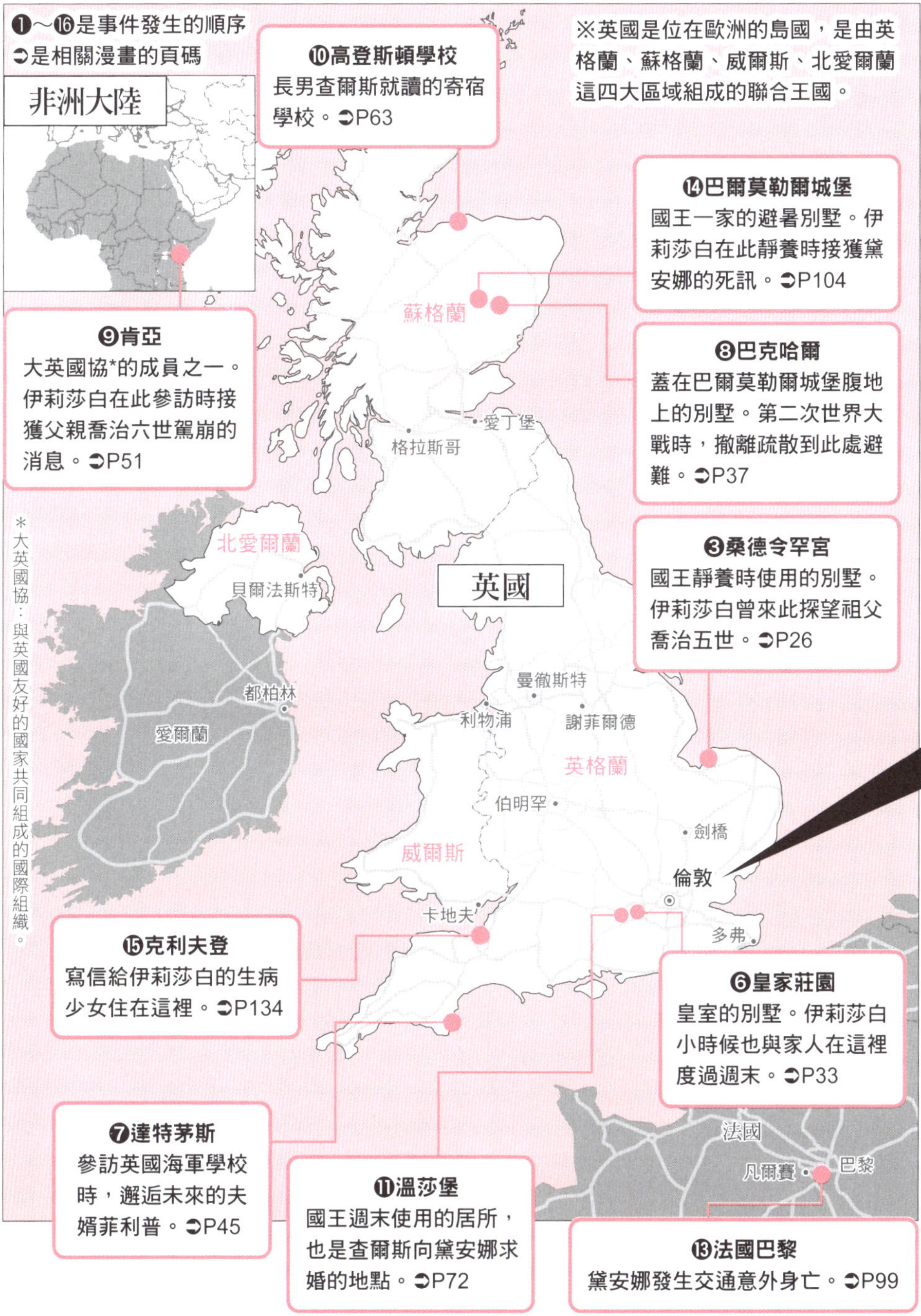

❶～⑯是事件發生的順序
➲是相關漫畫的頁碼
※英國是位在歐洲的島國，是由英格蘭、蘇格蘭、威爾斯、北愛爾蘭這四大區域組成的聯合王國。
非洲大陸
❾肯亞
大英國協*的成員之一。伊莉莎白在此參訪時接獲父親喬治六世駕崩的消息。➲P51
*大英國協：與英國友好的國家共同組成的國際組織。
❿高登斯頓學校
長男查爾斯就讀的寄宿學校。➲P63
⓮巴爾莫勒爾城堡
國王一家的避暑別墅。伊莉莎白在此靜養時接獲黛安娜的死訊。➲P104
❽巴克哈爾
蓋在巴爾莫勒爾城堡腹地上的別墅。第二次世界大戰時，撤離疏散到此處避難。➲P37
❸桑德令罕宮
國王靜養時使用的別墅。伊莉莎白曾來此探望祖父喬治五世。➲P26
蘇格蘭
愛丁堡
格拉斯哥
北愛爾蘭
貝爾法斯特
英國
都柏林
愛爾蘭
曼徹斯特
利物浦
謝菲爾德
英格蘭
伯明罕
劍橋
威爾斯
倫敦
卡地夫
多弗
⓯克利夫登
寫信給伊莉莎白的生病少女住在這裡。➲P134
❻皇家莊園
皇室的別墅。伊莉莎白小時候也與家人在這裡度過週末。➲P33
❼達特茅斯
參訪英國海軍學校時，邂逅未來的夫婿菲利普。➲P45
⓫溫莎堡
國王週末使用的居所，也是查爾斯向黛安娜求婚的地點。➲P72
法國
凡爾賽
巴黎
⓭法國巴黎
黛安娜發生交通意外身亡。➲P99

伊莉莎白二世攝影館

史上在位最久！70年間，深受英國國民愛戴的女王

❖25歲即位時的伊莉莎白二世

伊莉莎白原本並非繼任王位的人選，可是前前任國王自請退位，前任國王猝逝，因此伊莉莎白於 1952 年臨危受命繼任王位（此照片是經過數位上色技術調色的黑白照片）。

❖世人稱「充滿魅力」的女王

嚴肅的伊莉莎白也有調皮的一面，喜歡給人驚喜緩和氣氛。儘管在 96 歲那一年離世，她在位 70 年已經創下英國史上在位最久的君王紀錄，放眼全世界也是排名第二久（全世界在位最久的是法王路易十四世，在位 72 年）。

 影像來源 / Cecil Beaton, Number 10 viaWikimedia Commons

❖戰爭期間學會修車

成為女王之前，她曾在第二次世界大戰期間加入英國陸軍的婦女部隊，負責駕駛軍用卡車運送物資，也在當時學會駕駛及維修大型汽車。

❖誕生在國王次子的家裡

當時的慣例是由長子家族繼承王位，伊莉莎白身為次子的長女（左上角照片左側），最初並無繼位資格，所以是在民間而不是王室宮殿長大。

一開始並非繼承人，卻無預警的站上歷史的舞臺

❖伊莉莎白的加冕典禮

加冕典禮是在諸位大主教授予王冠等信物之後，坐上王位並正式宣示的儀式。王冠是於 1661 年以純金打造，重量約 2.1 公斤（左側照片）。

❖親自騎馬率領騎兵隊

伊莉莎白是在 4 月 21 日出生，不過英國君主的官方誕辰固定是 6 月的第二個週六，並在這天舉行慶祝活動。女王年輕時曾在慶典上親自騎馬率領騎兵隊舉行閱兵儀式。

影像來源 / Ministry of Information Second World War Colour Transparency Collection, Johnckarnes via Wikimedia Commons

以英國女王身分初次訪日

❖參觀伊勢神宮

結束京都參訪行程後，他們來到三重縣的伊勢神宮。聽說伊莉莎白曾向負責招待的宮司們請教神社的歷史、祭祀與建築等。

❖體驗茶道

1975 年 5 月，伊莉莎白與夫婿菲利普偕同訪日，在京都桂離宮品嚐抹茶，體驗日本傳統文化。

❖與日本皇室交流密切

英國王室自伊莉莎白的高祖母（祖父母的祖母）維多利亞女王的時代起，就與日本皇室交好。伊莉莎白曾與平成天皇（當時的皇太子，照片左邊）一家人在赤坂的東宮御所庭園散步。照片最右邊是當時年僅 15 歲的現任天皇。

亦是世界時尚潮流的先鋒

❖愛用小型帽子

為了避免妨礙上下車，所以女王偏好小型的帽子。

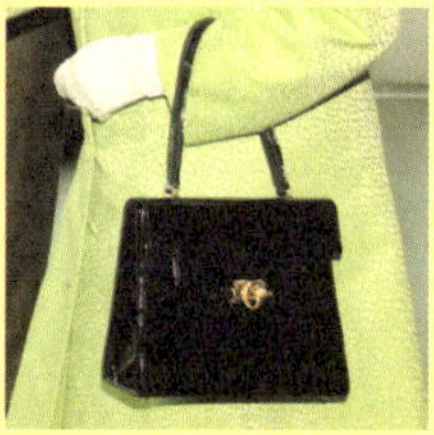

❖手提包是離席的暗號

據說女王在說話時把手提包放在地上，就是「我想離開這裡」的暗號。

❖打造「女王」形象的單一色調裝扮

「今天是粉紅色」、「那天是橘色」，女王的衣服和帽子就像這樣，都以鮮豔的色彩協調穿搭，用意是要讓人遠遠的就能看到她。

影像來源 / (Wikimedia Commons) PolizeiBerlin, Titanic Belfast, Adam Schultz, PolizeiBerlin, Terry Kearney from liverpool, President's Secretariat (GODL-India), GODL-India

女王建立的王室家族

①
②
③
④
⑤
⑥
⑦
⑧
⑨
⑩

＊這張照片攝於 2019 年，因此少了已經過世的黛安娜及退休的菲利普。

王室家譜

＊編號是用來對照上方照片

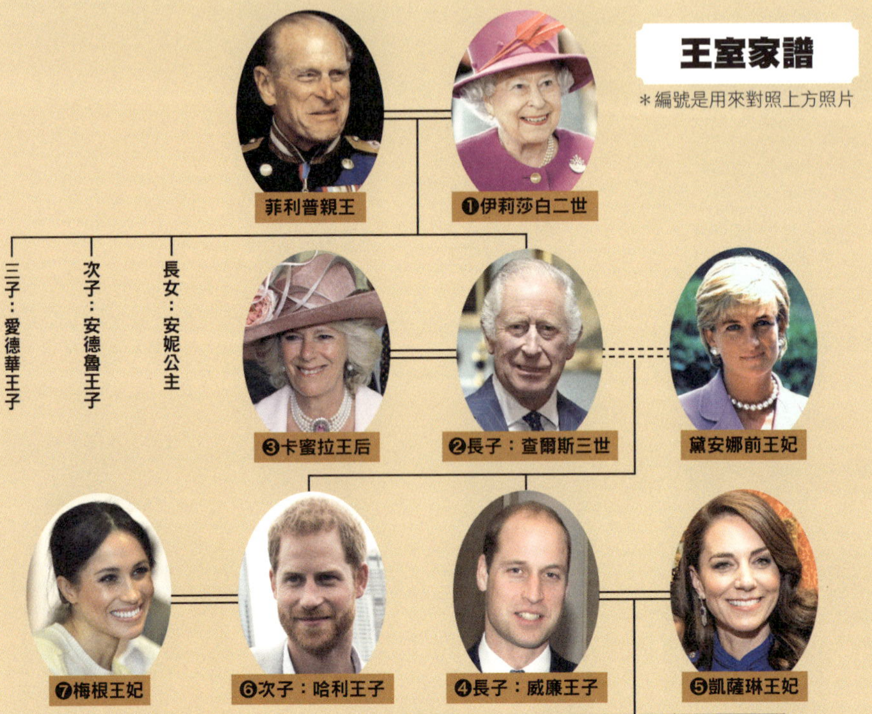

菲利普親王
❶伊莉莎白二世
三子：愛德華王子
次子：安德魯王子
長女：安妮公主
❸卡蜜拉王后
❷長子：查爾斯三世
黛安娜前王妃
❼梅根王妃
❻次子：哈利王子
❹長子：威廉王子
❺凱薩琳王妃

❿次子：路易王子
❾長女：夏洛特公主
❽長子：喬治王子

❖王位繼承資格現在是男女平等

現在的英國王室無論君主第一個孩子的性別，都有繼位的資格。在伊莉莎白即位的時代，兄弟姊妹之間是以男性為優先，不過 2013 年已修法，不再有弟弟的繼承排序比姊姊優先的規定。

影像來源 / (Wikimedia Commons) Paliano, Joel Rouse/Ministry of Defence/OGL 3, Senedd Cymru/Welsh Parliament from Wales, White House, John Mathew Smith & Laurel Maryland/USA, Northern Ireland Office, Chairman of the Joint Chiefs of Staff from Washington D.C, USAID/Vietnam, Ian Jones, ייסכלא, Simon Dawson/No 10 Downing Street/OGL 3

超學習大人物養成漫畫

永遠的女王

伊莉莎白二世

◉審訂
多賀幹子
英國王室記者

◉漫畫
今井康繪

◉編撰
日笠由紀

◉翻譯
黃薇嬪

 影像來源 /Library and Archives Canada, e010975985

大人物養成漫畫 伊莉莎白二世

目錄

主要登場人物

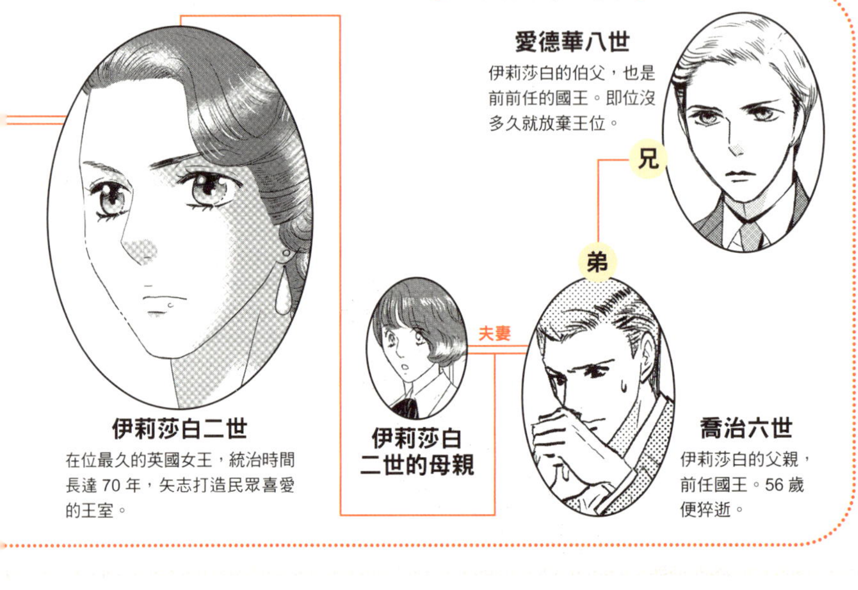

愛德華八世
伊莉莎白的伯父，也是前前任的國王。即位沒多久就放棄王位。
兄
弟
夫妻
伊莉莎白二世
在位最久的英國女王，統治時間長達 70 年，矢志打造民眾喜愛的王室。
伊莉莎白二世的母親
喬治六世
伊莉莎白的父親，前任國王。56 歲便猝逝。

學習資料館

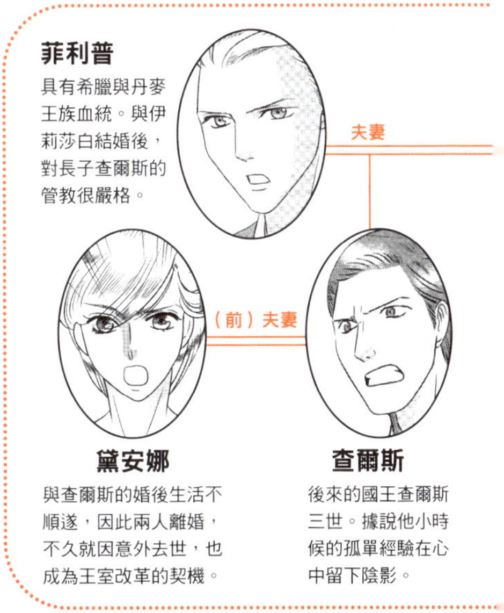
菲利普
具有希臘與丹麥王族血統。與伊莉莎白結婚後，對長子查爾斯的管教很嚴格。
夫妻
（前）夫妻
黛安娜
與查爾斯的婚後生活不順遂，因此兩人離婚，不久就因意外去世，也成為王室改革的契機。
查爾斯
後來的國王查爾斯三世。據說他小時候的孤單經驗在心中留下陰影。

日文版審訂／多賀幹子（英國王室記者）
漫畫、插圖／今井康繪
編撰、報導／日笠由紀
照片／Cynet Photo
朝日新聞社／Cynet Photo
Mary Evans/amanaimages（第二頁伊莉莎白小時候的家）
Tomas Marek/PIXTA（封面、書衣的白金漢宮）
地圖／地圖屋 MORISON
日文版封面設計AD／義江邦夫（TYPEFACE）
日文版封面設計／加藤碧依（Gxcomplex）
日文版報導設計／辻本有博（colorée）
正文版式設計／昭和 BRIGHT
協力／渡邊剛司（銀杏社）
日文版編輯／田伏優治（小學館）

序章

君主為了國家而戰，
鞠躬盡瘁，
受到國民敬愛。
威廉四世
（在位 1830 ～ 1837 年）
喬治五世
（在位 1910 ～ 1936 年）
然而——

1936年——
沒有我所愛的女人支持，我無法勝任國王的工作，
因此我決定退位。
英國國王
愛德華八世
RADIO
怎麼會這樣……
愛德華八世的弟弟
亞伯特王子
伊莉莎白
（10歲）

父親，伯父怎麼了？
為什麼不當國王了？
你伯父一定是有事忙不過來，所以無法繼續當國王。
怎麼會這樣……

喂喂，這個國家的國王怎麼辦？
THE ABDICATE OFFICIAL
他不是才坐上王位不滿一年！
※正式放棄王位
而且竟然是為了女人退位，還有什麼比這個更讓人傻眼？
雖然說英國國王因為國教基督教的規定，不能娶離過婚的女人*
沒想到他居然不選江山選美人。
※啪沙
也就是說比起人民，他更重視自己的幸福！
這麼自私任性的作為……
王室太令人失望了！

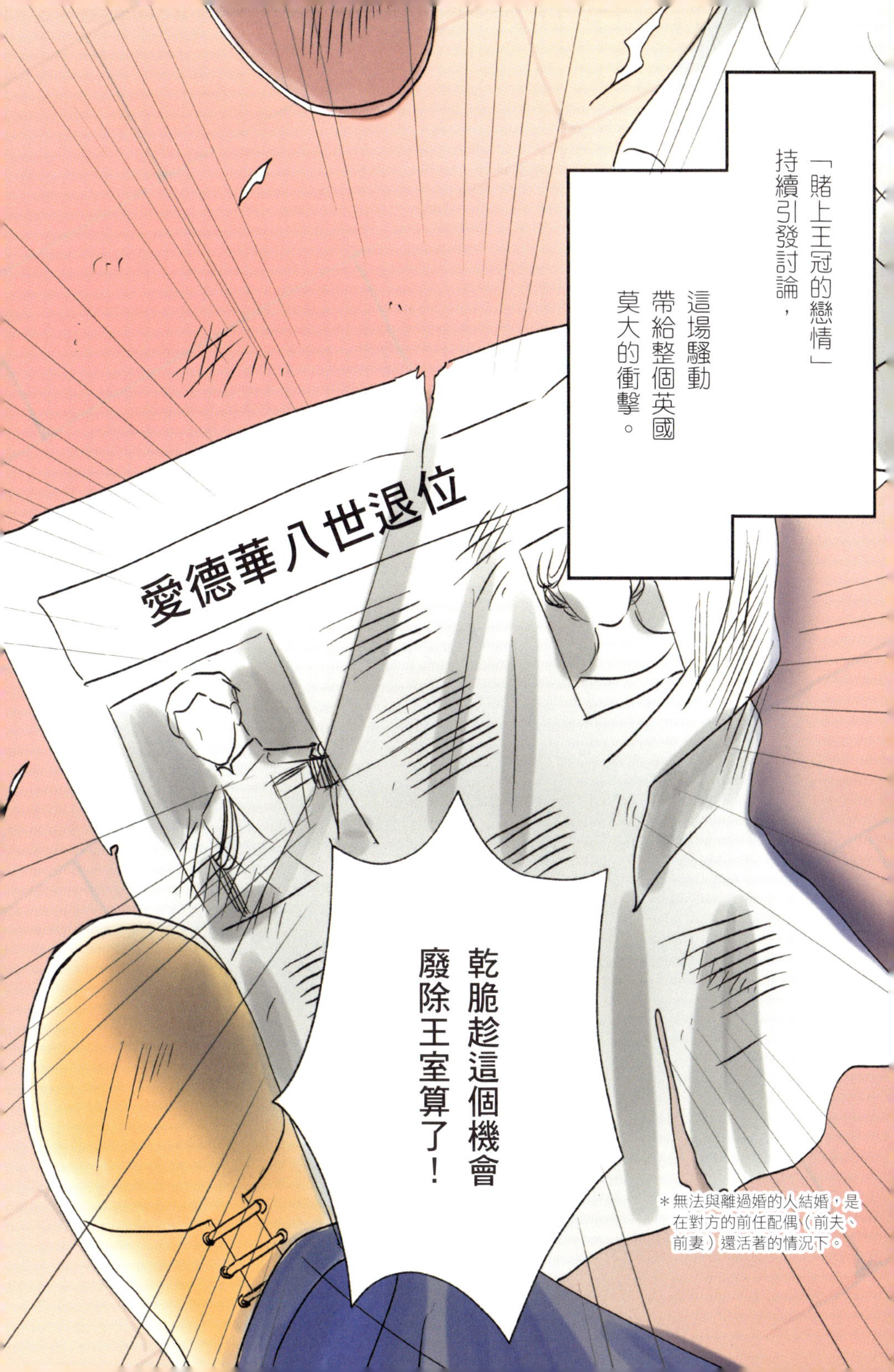

＊無法與離過婚的人結婚，是在對方的前任配偶（前夫、前妻）還活著的情況下。

新任國王陛下，時間差不多了。
好，我這就去。
伊莉莎白，
看清楚爸爸的背影喔。
父親……

總有一天
我也會像父親一樣
成為國王嗎？
不要，
我絕對做不到！
後來她年紀輕輕，在25歲那年即位成為女王，也就是英國史上在位最久、長達70年的伊莉莎白二世。
她原本並無繼承王位的資格，只是，成為「未來君主」的命運降臨得太過突然。

最終贏得
英國人民愛戴的她，
究竟是如何面對
這意想不到的命運呢？
一起來回顧
她高潮迭起
的人生吧。

第一章
心地善良的女孩

＊倫敦：英國首都。萊昂伯爵府：伊麗莎白二世母親的家。

※哇啊啊！哇啊啊！

生了？
※啪
王妃
伊莉莎白
老公，是女兒喔。
女兒嗎？
怎麼這麼可愛……

名字我想好了。
用我祖母的「雅莉珊卓」、
我母親的「瑪麗」，
還有你的「伊莉莎白」。
總之「伊莉莎白」一定要保留，我絕不妥協。
我希望女兒長大後成為一個像你一樣心地善良的女人。
她一定會是個善良的孩子。
取名為
伊莉莎白・雅莉珊卓・瑪麗
（後來的伊莉莎白二世）

＊白金漢宮：英國王室位在倫敦的宮殿。

＊王室家族：這裡是指英國王室。現在無論男女，只要是君主的第一個孩子就擁有王位繼承第一順位，不過在當時是以男性優先。

不管怎樣
我都會好好培養
伊莉莎白，
因為她是
那麼的可愛啊！
伊莉莎白
在父母溫暖的愛中
平安長大。
幾年後——
伊莉莎白
（6歲）
駕！
駕！
克勞佛，
可以學一下
馬的叫聲嗎？
家庭教師
克勞佛
（瑪莉昂．克勞佛）

嘶嘶！
好厲害！
好像真的馬！
伊莉莎白的妹妹
瑪格麗特（2歲）
姊姊，我也要！
好啊！
キリッ
來，請坐上伊莉莎白號。
嘿咻！
重…
唔唔……
※帥氣、哇啊哇啊
きゃっきゃっ
那樣欺負馬兒，馬兒太可憐了
媽咪！
可是，媽咪。

馬術學校的馬兒更可憐！牠們一天要被人騎著來回好幾次，看起來累慘了，
所以……
假如我是女王的話，
我要制定法律讓馬匹週日休息！

あっははは
伊莉莎白真是個溫柔的孩子。
你可以去拜託祖父，
也可以問你伯父。
我只要去拜託現任國王和下任國王，就一定會實現！

＊桑德令罕府：位在英國東部的王室別墅。

 ＊駕崩：天皇、國王等死亡的尊稱語。

祖父……
不可以哭喔，不管有多難過，都要把情緒藏在心裡。
不可以顯露情緒。
這是你生在王室的責任。

明明那麼難過……
不可以哭，不可以哭，伊莉莎白……
身為王室一員必須忍住眼淚……
喬治五世駕崩之後，由長子大衛伯父繼任新王，可是……
就像本書開頭所說的，他為了與所愛女子成婚，很快就放棄了王位。
愛德華八世
王室令人失望！

哥哥要退位？
這樣一來我不就得成為國王了？
愛德華八世退位，使得伊莉莎白的父親成為了國王。
喬治六世
這一切發生得太過突然。
父親變成國王……

カチャ…
※喀嚓
如果母親沒有生出弟弟，接下來的國王就會是我？
母親。
怎麼還沒睡？
睡不著……
我會成為國王嗎？
你不生個弟弟嗎？
那種事只有老天爺才知道，
所以你要做好繼位的準備。

今後白金漢宮就是我們的家了。
……
父親和母親呢？
我們可以一起用餐嗎？
他們兩位都在忙工作。
又忙？
父親成為國王後一直都是這樣……
打起精神來！
到了週末你們就可以一起過了。

伊莉莎白，可以幫我把割下的草收集在一起嗎？
好的，父親！
好期待跟爸爸媽媽一起吃飯！
我的肚子已經餓了！
真的好久沒一起用餐了呢！
抱歉，我必須回去工作了。
不要！你今天應該要陪我們的！
伊莉莎白……
うわーん！
※哇嗚嗚！

聽我說，國王的工作就是為百姓鞠躬盡瘁，
也就是要奉獻所有時間，犧牲整個人生。
伊莉莎白是聰明的孩子，你應該懂。
不管有多難過都不可以哭。
因為你是未來的女王。

是的，母親……
小馬，我問你。
我真的會當上君王嗎？
我不覺得自己能夠勝任。
……

我不認為
像我這樣的人，
有能力成為君王……

1939 年蘇格蘭＊
此時，以歐洲為中心的第二次世界大戰＊開打，
為了安全考量，
伊莉莎白他們被送到遠離父母的地方避難。
與她的家庭教師克勞佛以及一般家庭的孩子一起躲避戰火，
眾人的心中都懷抱著不安。
＊第二次世界大戰：發生在一九三九年至一九四五年的全球規模戰爭。
＊蘇格蘭：英國的區域之一。
我們什麼時候能夠返回倫敦？
我想見爸爸、媽媽……
伊莉莎白（13 歲）
瑪格麗特（9 歲）
父親，請快點結束戰爭吧。
說好囉。
當然，我答應你。
※掛掉
チン…

我們來到這裡已經兩個月了。
什麼時候才能夠回家呢？
我們今天去外面玩捉迷藏吧！
穿上外套出門去！
撤離疏散＊雖然寂寞，不過陪公主們一起玩很開心喔！
＊撤離疏散：為了減少戰爭或天災造成的損失，把原本集中在都市的人與物移動到其他地區。

你的外套呢？
我沒有……
等我一下！

這件對我來說太小了，給你穿。
可以嗎？
好溫暖……
我們家很窮，
天冷的時候總是媽媽幫忙溫暖我的手……
我好久沒見到媽媽了……
ぐすん
ぐすん

我們能夠跟父親講電話，可是……
這個孩子連說話的機會都沒有……
我們的父母也在很遠的地方，
我每天都很想念他們。
公主殿下也是嗎？
我也一樣會覺得寂寞啊！
嗯！我們都一樣！
你終於笑了！

來，走吧！
儘管對於自己可能成為女王感到不安，但她長成體貼、懂得為人著想的人。
不久之後，這股不安成了現實。

第二章

夾在女王與母親身分之間

親愛的，
我一下船就會立刻去見你。
在那之前，請你等我。
菲利普．蒙巴頓
菲利普……

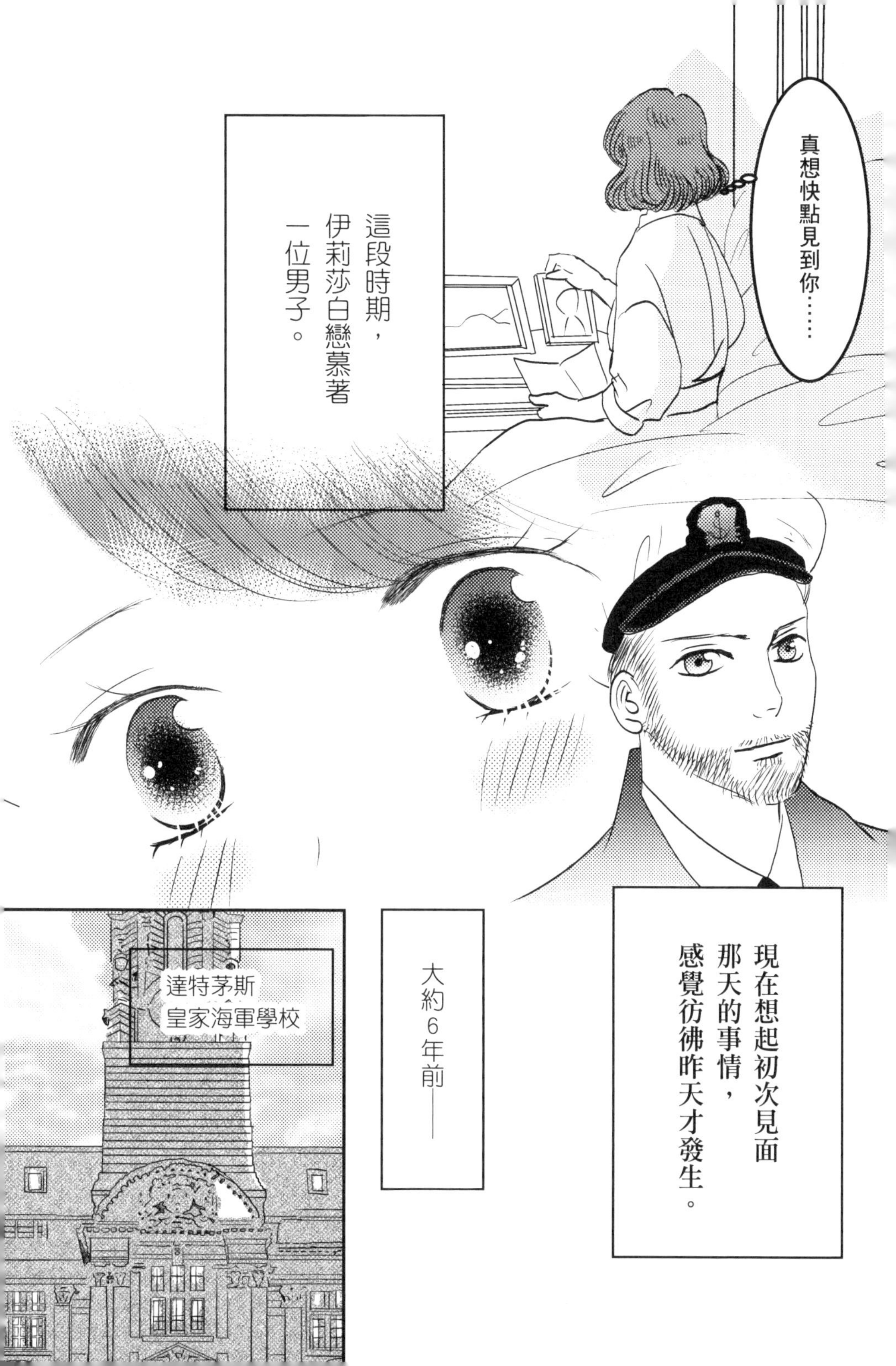
真想快點見到你……
這段時期，伊莉莎白戀慕著一位男子。
現在想起初次見面那天的事情，感覺彷彿昨天才發生。
大約6年前——
達特茅斯皇家海軍學校

我已經玩膩火車了！
伊莉莎白（13歲）
瑪格麗特（9歲）
好想去外面玩……
不可以任性，請等陛下他們回來才可以出去。
如果覺得無聊，要不要去打網球？

您好，在下是菲利普*。
是這所學校的學生，奉命陪同兩位公主。
*菲利普是希臘與丹麥的貴族，當時18歲。

ぴょん
ぽぉ♥
※臉紅、跳
パァン！
姊姊加油！
※乓！

不管我的球打得多爛，
他都能夠打回來。
公主殿下，
好球！
菲利普
真是帥氣！
ふふっ
※呵呵
當時他把我當成小孩看待，
不過……
他現在已經愛上我了。

不久之後，伊莉莎白嫁給了比自己年長5歲的菲利普，兩人過著幸福的生活。
長子 查爾斯
長女 安妮

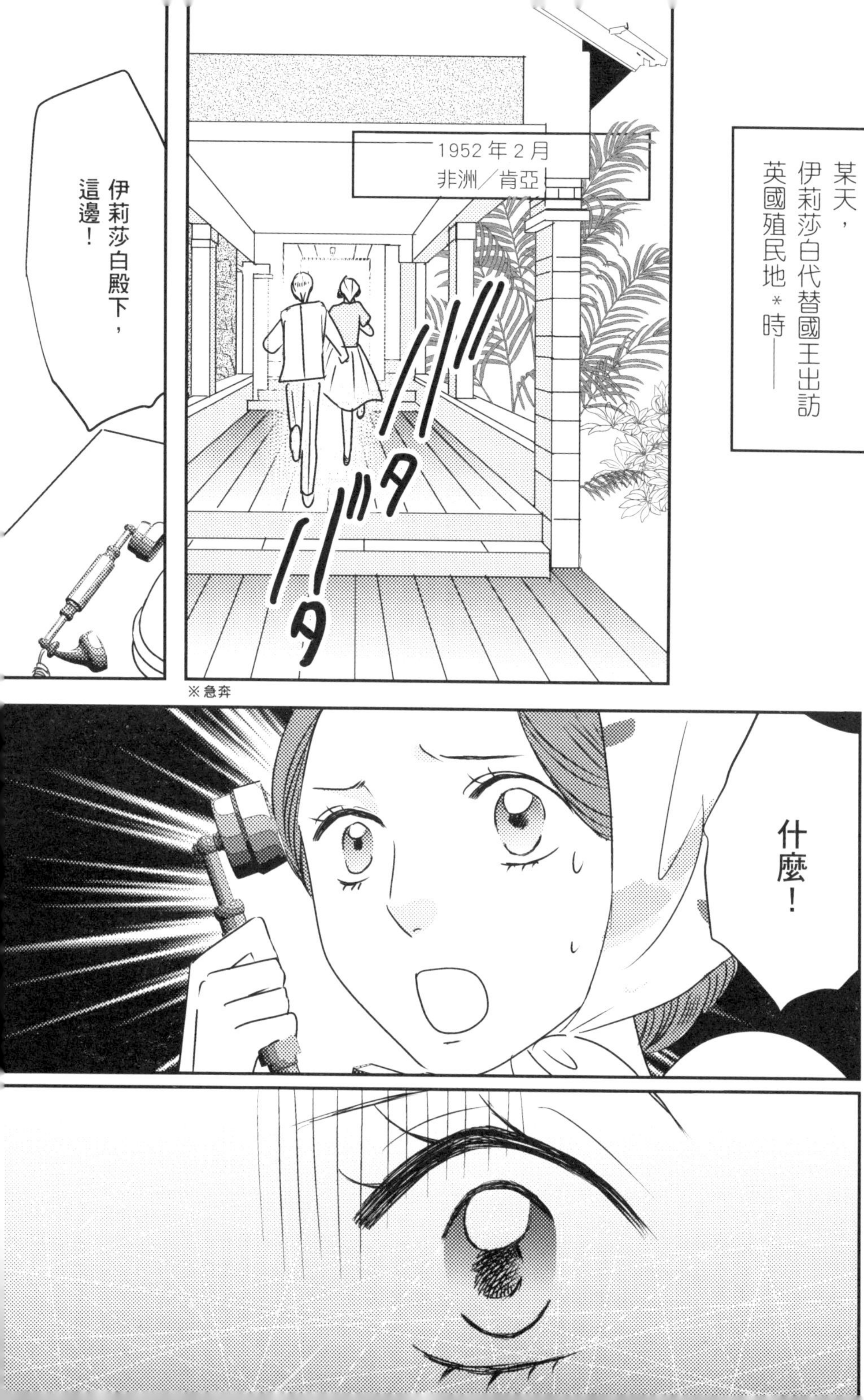

某天，伊莉莎白代替國王出訪英國殖民地＊時——
1952年2月
非洲／肯亞
伊莉莎白殿下，這邊！
什麼！

※急奔

＊殖民地：由他國移入者進行開發，成為該國附屬的地區。

父王駕崩了！
聽說是心肌梗塞＊。
好不容易戰爭結束，正是百廢待舉的時候……
＊心肌梗塞：心臟的血管堵塞等致死的心臟急症。
伊莉莎白的父親英王喬治六世，在她訪問肯亞時急病過世。

這樣的話，我就必須……
於是，年紀輕輕的伊莉莎白在25歲這一年突然間成為了女王。
God save the Queen!（天佑女王！）

好重！
這就是父親背負的、
身為國王的重擔吧！

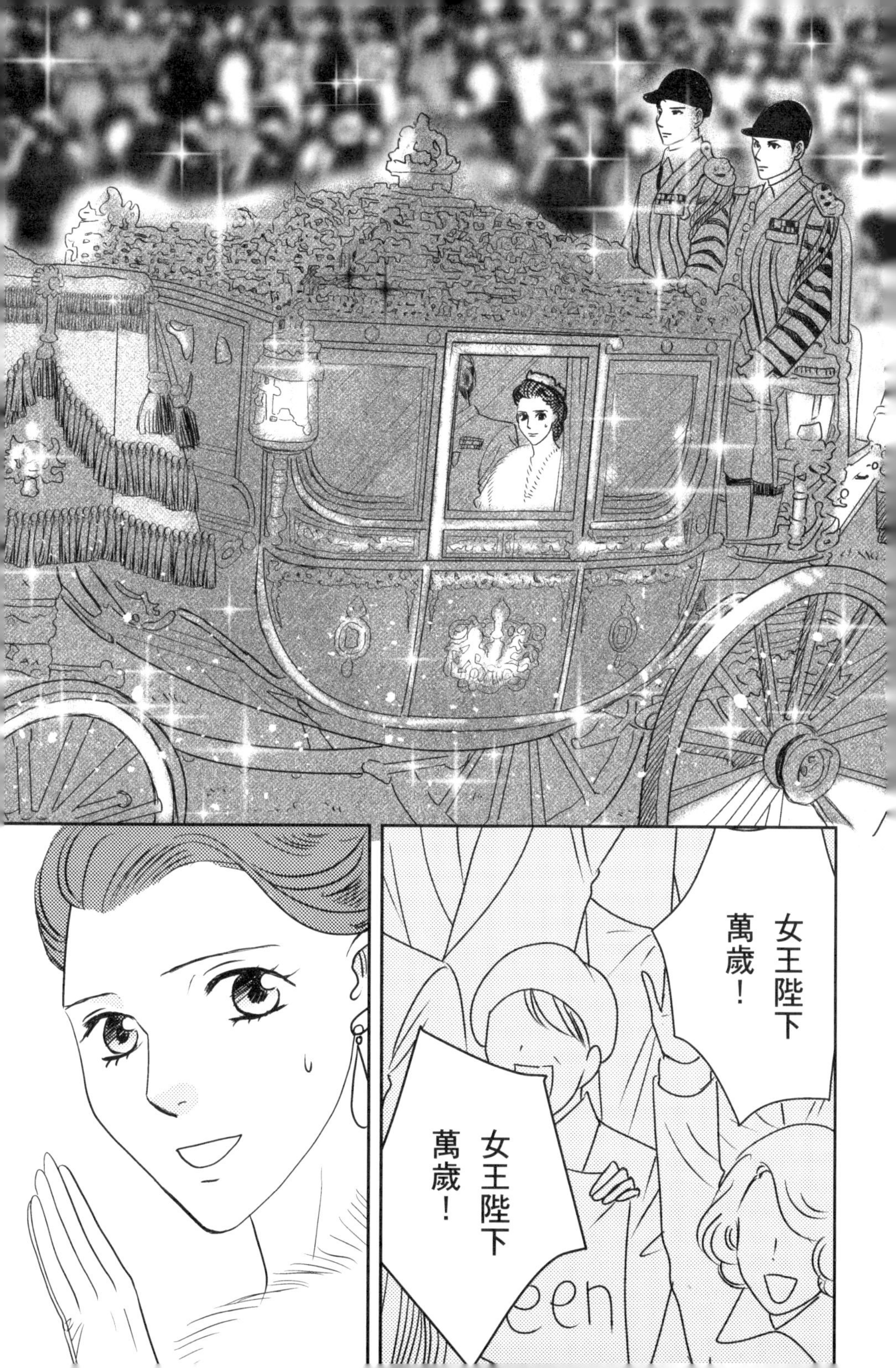
女王陛下萬歲！
女王陛下萬歲！

別擔心，
有這麼多民眾給予祝福。
我真的可以勝任嗎？
我好怕……
國王的工作就是為百姓鞠躬盡瘁。
也就是要奉獻所有時間，
犧牲整個人生。
父親……

ギュッ
我雖然害怕，但……
キリッ
我一定會不負所託！
※炯炯眼神
當晚，伊莉莎白在廣播上對全國人民發表演說。

我還太年輕，經驗也不足，
但我繼承父親與祖父的遺志，做好為全國人民奉獻一切的準備。
我將用我的一生回應各位的期許，
全力以赴！

先王駕崩時，我還很擔心國家的未來……
新任女王感覺值得託付。
戰爭結束好一段時間了，生活卻完全沒有好轉的跡象……
這位女王陛下或許能夠帶給我們新氣象！
伊莉莎白全力以赴扮演好女王的角色，回應眾人的期望。
首相　邱吉爾

白金漢宮
我不管！我要媽媽陪我玩！
查爾斯！要說幾遍你才懂！媽媽要工作！
不要！
陛下，時間到了。
好。
媽咪！

查爾斯……
對不起，我其實也很想多陪陪你……
陛下，開會了
我這就過去。
查爾斯就交給我這個父親吧。

英國的君王
雖然不直接干預政治，
但卻要代表國家，
因此伊莉莎白的生活十分忙碌，
經常需要應對議會與其他國家。
父親當時也才剛
繼位為王……
是要犧牲整個人生的工作。
我沒有立場退縮。
儘管擔心家人，
伊莉莎白仍舊努力工作。
然而——

查爾斯已經12歲了，
必須培養他的獨立精神與責任感。
我打算送他去高登斯頓學校。
高登斯頓學校……那是位在蘇格蘭、嚴格出了名的寄宿學校吧？
可是，難道沒有其他學校更適合查爾斯嗎？
因為經歷過那所學校的訓練，我才能夠如此堅強。
再說，住在高登斯頓學校的宿舍，就能夠避免被大眾傳媒*拍到照片。

＊大眾傳媒：大眾傳播媒體的簡稱。這裡主要是指報章雜誌等傳播媒體。

查爾斯與以往的王室子女不同，是跟一般家庭的孩子一起上學。
LONDON NEWS
查爾斯王子
搭乘豪華禮車上學
因此，查爾斯的校園生活吸引全國民眾的高度關注，也經常有媒體攝影師偷拍。
菲利普堅持把查爾斯送進高登斯頓學校，也是為了保護查爾斯。
你應該能理解我的用意吧？

可是……查爾斯跟你不同。
我希望你放心處理公務，查爾斯就交給我來栽培。
就聽你的吧……

結果，查爾斯進了高登斯頓學校就讀，
而在那兒等著他的卻是嚴重的霸凌。
我已經忍受兩年，無法再繼續待下去了。
懇請讓我休學。
查爾斯 敬上
查爾斯！
菲利普，還是換所學校吧？
如果連這點小事都無法忍受，他將來怎麼當國王？

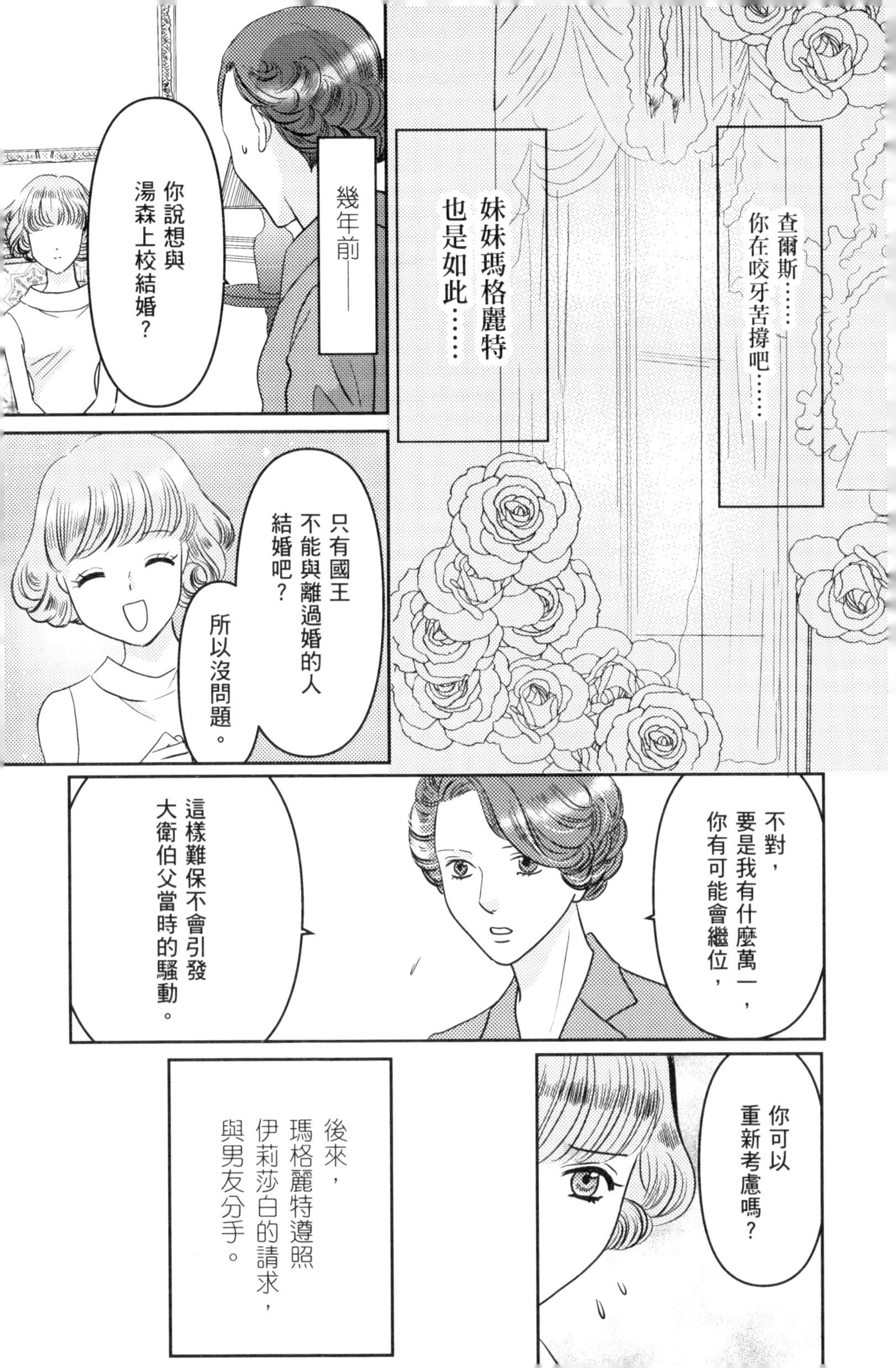

查爾斯……你在咬牙苦撐吧……
妹妹瑪格麗特也是如此……
幾年前——
你說想與湯森上校結婚？
只有國王不能與離過婚的人結婚吧？
所以沒問題。
不對，要是我有什麼萬一，你有可能會繼位，
這樣難保不會引發大衛伯父當時的騷動。
你可以重新考慮嗎？
後來，瑪格麗特遵照伊莉莎白的請求，與男友分手。

我要求瑪格麗特
選擇身為公主的責任，
放棄自身的幸福。
查爾斯，
你也能夠明瞭
我的用心良苦嗎？
我不同意你休學。
你從高登斯頓學校畢業後，
就要去讀劍橋大學。
父親字
※揉成一團
くしゃ
くしゃ

父親每次都
自作主張……
母親只顧著
工作……
沒有人懂我的
心情……
查爾斯心裡的傷痛越來越大，
最後終於演變成
動搖王室的嚴重事件。

第三章
家庭的分裂

查爾斯已經32歲，
差不多該結婚，組織幸福家庭了。
當時的查爾斯正與一位女子墜入愛河。

溫莎堡＊
＊溫莎堡：位在英格蘭南部的英國王室城堡。
查爾斯，這裡就是你小時候的房間嗎？
貴族＊千金
黛安娜・法蘭西斯・史賓賽（19歲）
（查爾斯的女友）
＊貴族：身分、家世尊貴的人。

對，我在這裡長大。
我從小就沒有母親。
咦？
那個人是女王陛下，
不是我的母親。

我的父母離婚後，我也是在沒有母親的家庭長大。
所以我很清楚殿下你……
有多寂寞。

黛安娜……
我希望你嫁給我。

我希望自己繼位成為國王時，有你當我的王后。
我願意。

就這樣，
查爾斯與小他十幾歲的
黛安娜結婚。

恭喜殿下！
恭喜黛安娜王妃！
好美啊！
簡直就像童話故事裡的公主！
聽說她才20歲！
長得年輕又漂亮！
查爾斯王子單身這麼久也值得了！
哦哦！
快看陽臺！

太好了，民眾們也很歡迎她。
希望你們兩人今後能同心協力，打造幸福美滿的家庭。

可是——
結婚三個月了，
我明明跟黛安娜說過
歡迎她隨時來訪……
她怎麼
都不來呢……
難道是不好意思
過來嗎？
黛安娜殿下也許是
還在努力適應
王室的規矩，
畢竟她還很
年輕……

也是。
如果只是那樣就好……
查爾斯夫婦的房間
※瞥見
チラッ

＊卡蜜拉夫人：查爾斯的前女友，有傳言說在婚後仍與查爾斯保持著關係。

キッ
※瞪
不是友情，是愛情吧？

其實你喜歡的是像卡蜜拉夫人那種年長的女性，而不是我這種年輕的女孩，對吧！
就像母親一樣能夠溫柔包容你的人……
ガシャン!!
我不是說了只是朋友！
你何必亂吃醋！
※鏗鏘！

然而，卡蜜拉夫人並非只是普通朋友，
據說這個時候的查爾斯與卡蜜拉夫人互相吸引。
從兩位的房間經常傳來爭執聲。
看來是不順利啊……

殿下與卡蜜拉夫人
相偕出遊的次數
也越來越多……
……
這樣啊……
或許是成長過程
對他太嚴厲，
導致他想
從年長女性身上
尋求慰藉。

現在想來，我連一次都沒有聽進那個孩子的請求。
不只是查爾斯……
我的女兒安妮也是，結婚10年了卻傳出外遇的緋聞……
我的二兒子安德魯，
現在也仍舊女友一個換過一個……
伊莉莎白除了查爾斯之外，還有另外三個孩子，
可是安妮和安德魯的私生活也同樣問題重重。

唉——……
陛下公務繁忙也是為了國家，
請不要因此而自責。
可是，一定是我們養育孩子的方式有問題才會這樣……
ボーン！
ボーン……
陛下，與首相會談的時間到了。
※噹噹

……
我們走吧。

伊莉莎白付出太多心力在女王的工作上，把家裡的事情擱置一旁。
因此導致王室家族嚴重分裂，媒體也對此大幅報導。
LONDON NEWS
查爾斯與黛安娜冷戰中
安妮公主離婚
1952.11.30

媒體想要更多的醜聞，因此追著王室成員到處跑。
黛安娜王妃！
黛安娜！
王室究竟會變成怎樣呢？
王室 再度爆發醜聞
女王是不是太寵孩子了？
不，是對他們太嚴厲了！
相較之下，黛安娜很了不起呢。

盡力幫助貧窮、生病等弱勢者。
黛安娜與查爾斯王儲的婚姻生活不順遂，於是轉而投入慈善活動，
也因此越來越受到英國民眾的支持。
探望生病的孩子——
幫助無家可歸的人——

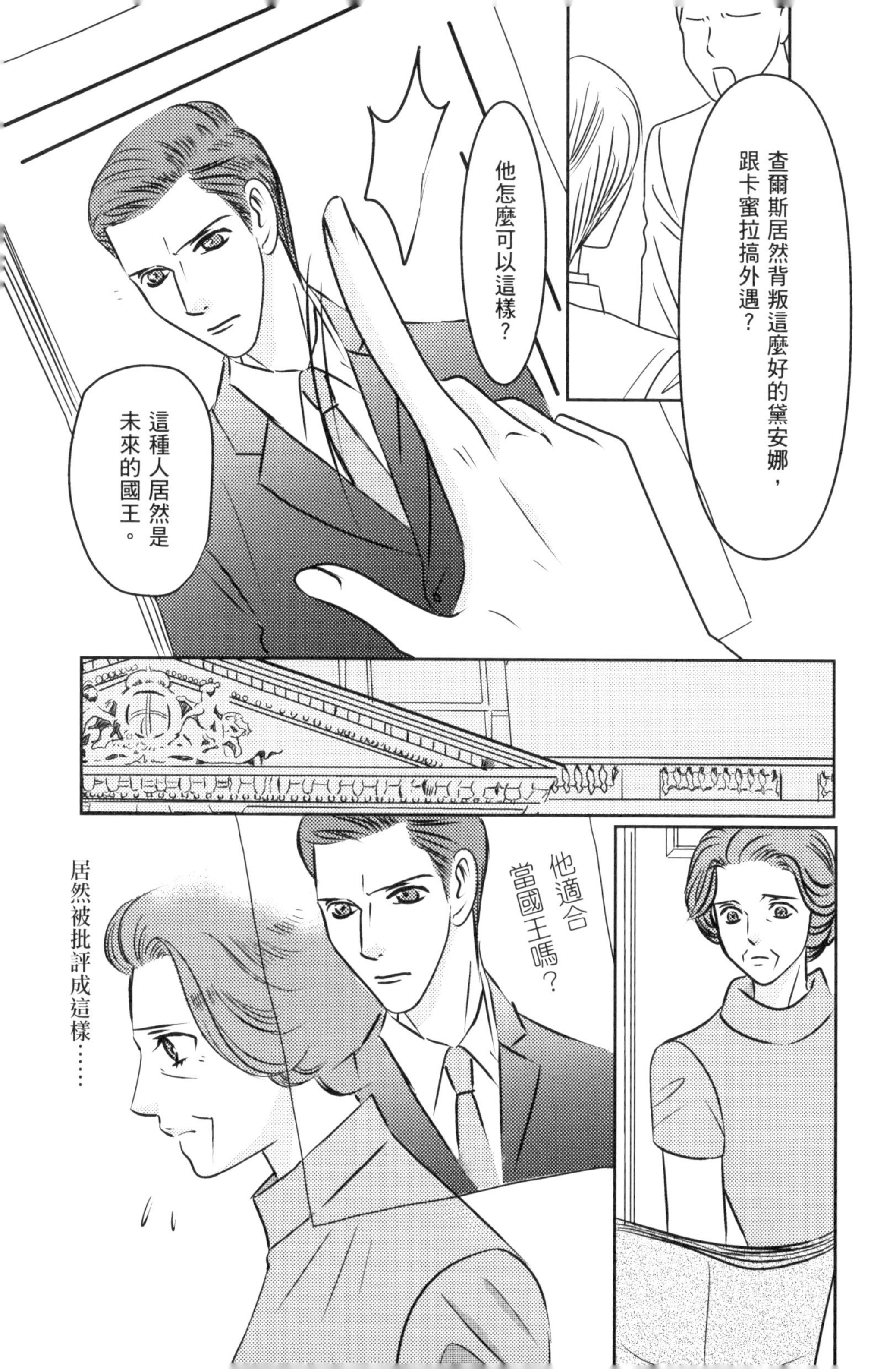
查爾斯居然背叛這麼好的黛安娜，跟卡蜜拉搞外遇？
他怎麼可以這樣？
這種人居然是未來的國王。
他適合當國王嗎？
居然被批評成這樣……

查爾斯和黛安娜已經無法破鏡重圓了嗎？
再這樣下去，這個家將會變成什麼樣子？
肯辛頓宮
DIANA
Her True Story
什麼？「痛苦」、「想哭」、「多次想自殺」？

這本書是怎麼回事！
NA
Her True Story
你少假裝自己是被害者了！
我並不知情。可能是他們採訪我幾位朋友寫出來的內容。
我可以離開了嗎？
我待會兒必須去探望病患。
你和卡蜜拉夫人也有事要忙吧？
你……
バタン！

*監護權：父母對未成年子女具有的保護、監督、教育等權利和義務的統稱。

※喀嚓、喀嚓、喀嚓、喀嚓
請待在我身後！
母親，那些人稱為狗仔隊*吧？
※去去！
就像狗追著骨頭跑一樣。
しっしっ
你這樣講侮辱到狗了。
別理他們，我們走吧。
即使黛安娜已經離開王室，媒體還是對她緊追不捨。

*狗仔隊：追著名人到處跑的非約聘攝影師。

喂喂！黛安娜小姐，
拍到你的照片就能賣到很高的價錢。
我們也要養家嘛。
黛安娜的新男友
多迪・法耶茲
媒體這種失控的行為，不久之後將為王室帶來悲劇。

第四章
王室的最大危機
1997 年 8 月 31 日深夜
法國巴黎
※轟嗡嗡
※嘟嚕嚕嚕

這些傢伙怎麼甩都甩不掉！
哈洛德百貨等企業董事長的長子多迪・法耶茲
黛安娜
必須再開快一點！
我要甩開後面的狗仔隊！
好可怕！

怎麼可能放過你們！
一定要拍到黛安娜的照片！

ガシャーン…

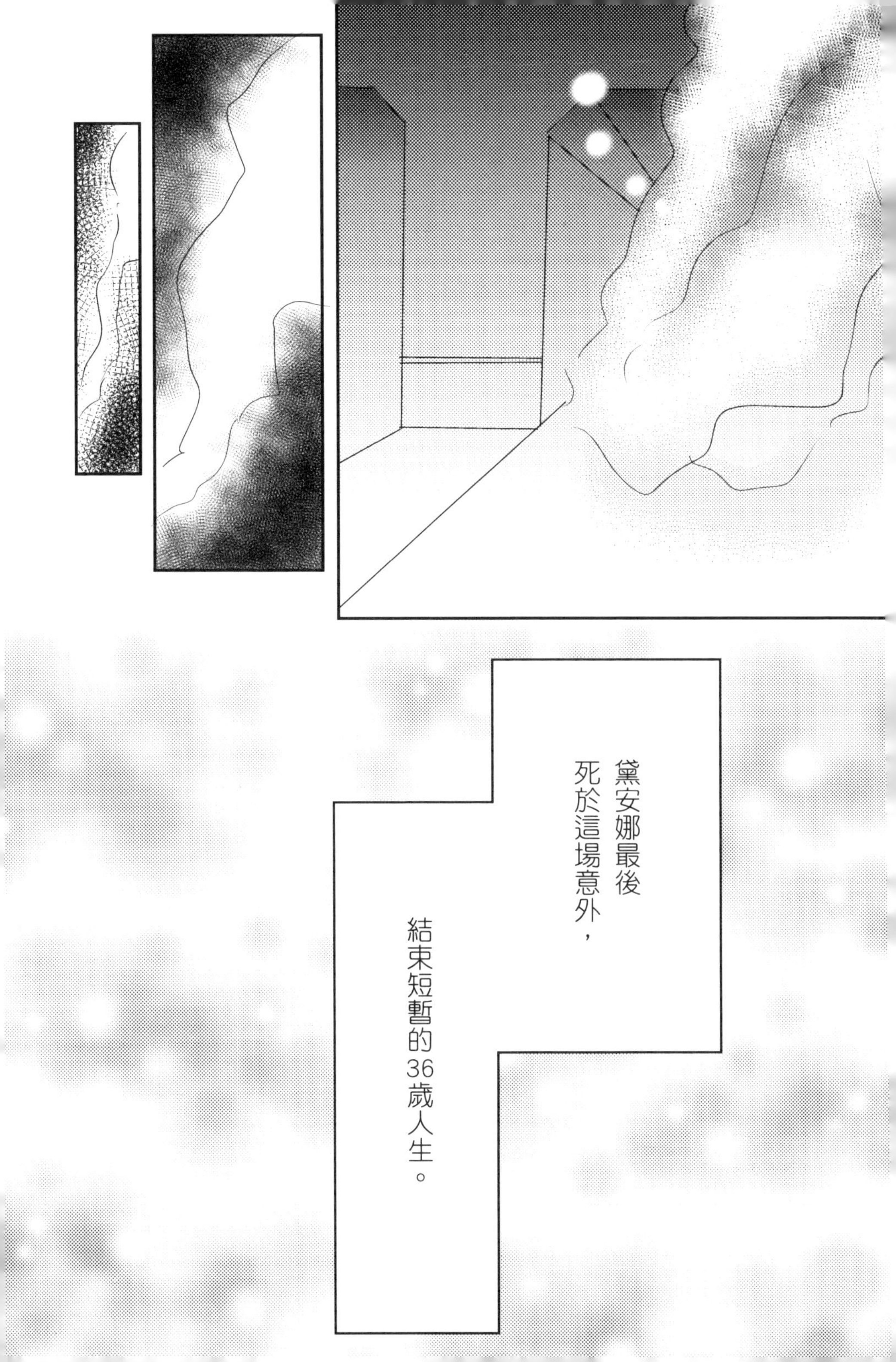
黛安娜最後
死於這場意外，
結束短暫的36歲人生。

RRR
正在蘇格蘭渡假的伊莉莎白
得知這樁令人震驚的消息——
你說什麼……！

聽說是
為了甩開狗仔隊，
車速過快……
騙人！
我不信！

※眼淚滴滴答答
ポタ
ポタ
查爾斯已經去領回遺體……
※啊！
はっ
可惡……
狗仔隊把媽媽……
我們不用回去倫敦嗎？
必須去看媽媽！

不，
我們不回倫敦。
為什麼？
回去就正好順了狗仔隊的意。
我不能讓你們也落得那樣的下場。
查爾斯小的時候我沒能保護他……

祖母好冷漠……
你看起來一點也不難過啊！
你們兩人聽好了，身為王室成員，
不能流露情緒，難過時更應該忍住。
都什麼時候了還說那種話！

※跑開
哥哥！
バタバタ
※跑跑
タタ
不管你們怎麼想，
我現在必須做的就是
保護孩子們……

ロンドン
我們去給黛安娜王妃獻花吧。
聽說從這裡到王宮要等4小時，我們也正在排隊。
咦？
※大排長龍
ズラ!!
居然有這麼多人！
大家都是要來送黛安娜王妃……

她才36歲，
怎麼會遇到這種事……
※搖晃
都怪狗仔隊跟拍……
太可憐了……
ヨロ…
她願意花時間仔細聽我說完自己的故事，
我從沒見過像她這麼善良的人……

真的好捨不得……
為什麼沒有升旗？
因為女王不在這裡吧？
聽說她正在蘇格蘭渡假。
王室的宮殿和城堡只有女王在的時候，會升上有王室家徽的旗幟。

這種重要時刻，女王為什麼沒有立刻回來？
意思是黛安娜王妃的死不重要嗎？
是啊，至少應該為了黛妃降半旗吧！
降半旗的意思是旗幟只升到旗桿的一半。
禮貌上，通常其他國家的元首等地位較高的人逝世時，會降半旗哀悼＊致意。
＊哀悼：對於人死感到難過的意思。
巴爾莫勒爾城堡
降半旗？
不可能。
歷任國王駕崩時也沒有這樣做，
況且黛安娜已經離婚，不再是王室成員……

Sep Mon
1
Tue
2
我怎麼可以為了這件事打破父親他們一心守護的王室傳統！
怎麼還沒有降半旗！
女王在做什麼？
該不會還在蘇格蘭吧？
Sep Tue
2
Wed
3

女王為什麼保持沉默？
難道只有我們覺得難過嗎？
這個國家的王室成員都這麼冷血嗎？
Sep Wed 3
4 Thu
說起來都是查爾斯導致黛安娜遭遇不幸！
乾脆廢除王室好了！

居然連這種主張都出現了……
人民有那麼氣憤嗎？
英國首相
東尼．布萊爾
您不能繼續沉默下去，
請您盡快在人民面前現身吧。
不能再給我一點時間嗎？
人民的悲傷與憤怒已經快瀕臨極限了。

伊莉莎白甚至對於人民意想不到的激烈反應感到恐懼。

民眾之中有很多人受過黛安娜前王妃的照顧，
她……是每個人民心目中的王妃……

每個人民
心目中的王妃！
沒錯，
黛安娜總是盡心幫助
困苦的人……
我明白了，
我們立刻
返回倫敦。

倫敦 白金漢宮
終於現身了！
我們等好久了！
這麼多人為了黛安娜集結在這裡……
黛安娜王妃，請安息吧！
※轉身
くるっ

很抱歉
我來晚了。
謝謝你們來到這裡。
陛下……
你也是，
謝謝你。
這是要獻給黛安娜的嗎？
不是。

這是要給陛下的……
陛下您一定也很難過……
謝謝你。

連這麼小的孩子都……
我身為女王，卻忘了最重要的事……
比起王室的傳統，安撫、體諒民眾的情緒更加重要！

黛安娜擁有獨特的才華，是心靈豐富的人。
她的行動力、關懷他人的方式、對兒子們的愛，
她的生活態度有許多值得我們學習的地方。
女王根本就不是冷漠的人！

是啊，感覺就像溫柔的老奶奶。
她從以前就為人正直，
我們都忘了這點。
9月6日

謝謝你，
黛安娜，
你為人們盡心盡力，
我也答應你，
會跟人民站在一起，
奉獻自己的一切。
時代已經改變，
王室不能繼續維持現狀。
謝謝你們
教會了我
這件事。
伊莉莎白
因黛安娜的死，
想起重要的事。
王室也迎來
全新的改變。

第五章
對外開放的王室
大約 10 年後——
白金漢宮
威廉王子
查爾斯王儲
伊莉莎白二世
年度報告書出來了！
把王室資訊放上網路真是做對了。
きゃっ きゃっ
這麼一來，任何人都能隨時隨地認識我們！
查爾斯，
你發放的簡介手冊也頗受好評喔。

得知我擔任超過三百六十個慈善團體的會長時，
大家似乎都很驚訝呢。
希望這樣做可以讓大家不再說要「廢除王室」……
英國民眾因為黛安娜的死爆發不滿——
王室是為了什麼而存在？
浪費納稅錢！
各種批評的聲浪不絕於耳。
因此，英國王室廣發小冊子、在網路上設置官方網站，公開王室的收入與支出，也強調王室對於慈善活動付出的心力。
過去的英國王室傳統「不表露情緒」固然很好，
但今後我們要讓民眾看到王室成員為國家犧牲奉獻的樣子，找回眾人的信賴。
嗯……

＊社群平臺：就是指 YouTube、X（舊稱 Twitter）、Facebook、Instagram 等。

昨天威廉王子去了那邊那家醫院探望病患呢！
看來為有困難的人盡心盡力的，不是只有黛安娜王妃。
哼，他只是為了博取人氣吧？
是嗎？好像不只是做做樣子，
而且感覺上王室的人比想像中還要親切！
這裡說女王陛下還去了酒吧＊呢！
看起來那麼嚴肅的女王陛下會去酒吧？
〃我找找那張照片

＊酒吧（Pub）：英國傳統的大眾酒館。

咦？好意外……
伊莉莎白等人
開始重視步出宮殿，
走進街坊，
與民眾近距離接觸。
PUB
視察酒吧
造訪漢堡店
SAL
20%
在超市挑選商品
協助窮人

去醫院當志工
敞開過去對民眾關閉的「心扉」，
讓民眾看到他們真實的面貌，藉此拉近王室與民眾之間的距離。
協助無家者兜售雜誌＊

＊譯註：就是在臺灣的捷運站附近也能買到的《Big Issue 大誌雜誌》。

某天發生一件事——
我罹患了心臟疾病，
無法去上學，
每天只能在
床上度過。
我的心願是見到女王，
並且當一天的公主。
露易莎敬上……

9歲小女孩……
想要實現的心願……
務必安排我見到這個孩子。
可是陛下您的行程很滿，
實在挪不出那樣的空檔……
說得也是……

女王陛下應該收到我寫給她的信了吧？
露易莎·哈靈頓（9歲）
是啊。
那我有機會見到她了！
唔唔……
你沒事吧？不可以太激動喔。

今天該休息了。
嗯……
パタン。。
※門關上
她是那麼的期待，
真希望能夠幫她實現。
如果再找不到能移植的心臟，
不知道她還能活多久……
可是女王那麼忙，
有可能答應嗎？

如果她期待落空
就太可憐了……
怎麼這樣……
有回信嗎？
是郵差先生……
弄錯了……

可是他們始終沒有收到王室的回信。
直到某天——
露易莎！
露易莎！
有王室寄來的信！
倫敦行人專用道路——「銀禧步道」
ドキ
ドキ
※撲通、撲通

歡迎各位蒞臨「銀禧步道」的竣工啟用儀式！
讓各位久等了，接下來我們有請女王陛下！
是、是本人！

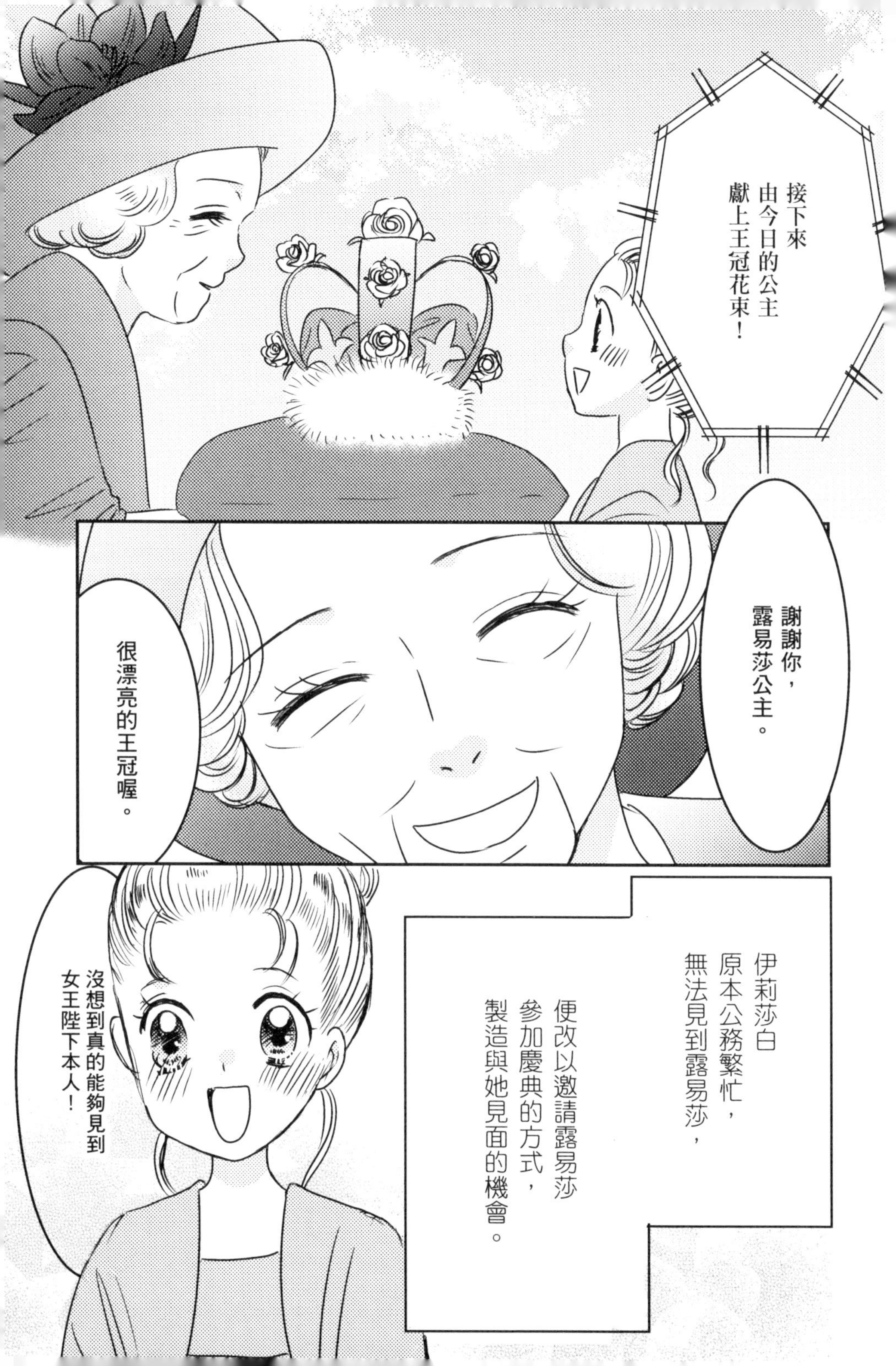
接下來由今日的公主獻上王冠花束！
謝謝你，露易莎公主。
很漂亮的王冠喔。
伊莉莎白原本公務繁忙，無法見到露易莎，便改以邀請露易莎參加慶典的方式，製造與她見面的機會。
沒想到真的能夠見到女王陛下本人！

好像在作夢喔！
キュ…っ
※感動
啊！
我總是說著要為人民
鞠躬盡瘁，
事實上我得到的，
比我付出的還要更多呢！

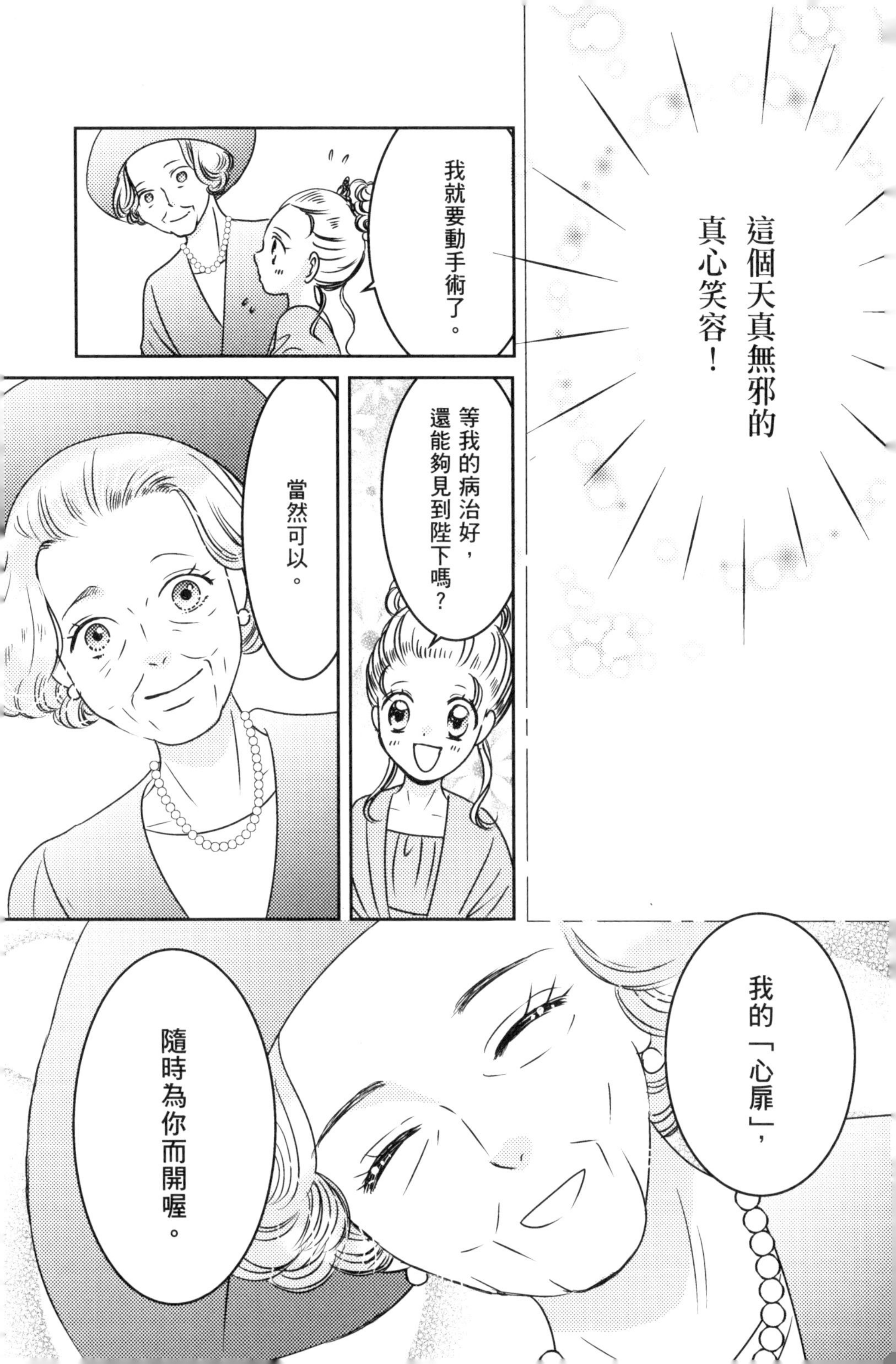
這個天真無邪的
真心笑容！
我就要動手術了。
等我的病治好，
還能夠見到陛下嗎？
當然可以。
我的「心扉」，
隨時為你而開喔。

遺憾的是，在不到兩個月之後，露易莎在手術後病逝。
怎麼會這樣……
那天的美好笑容將永遠是我的珍寶！

二〇二二年
コンコン!
※叩叩!
伊莉莎白（96歲）
今天到場的群眾人數相當驚人。
他們想親眼目睹陛下在位70年的風采。
フフッ
※呵呵
呵呵！我成為女王已經那麼久了呢……

伊莉莎白是歷任英國君王中，在位時間最久的女王。
我將用我的一生回應各位的期許，
全力以赴！
キリーッ
現在還沒到終點。

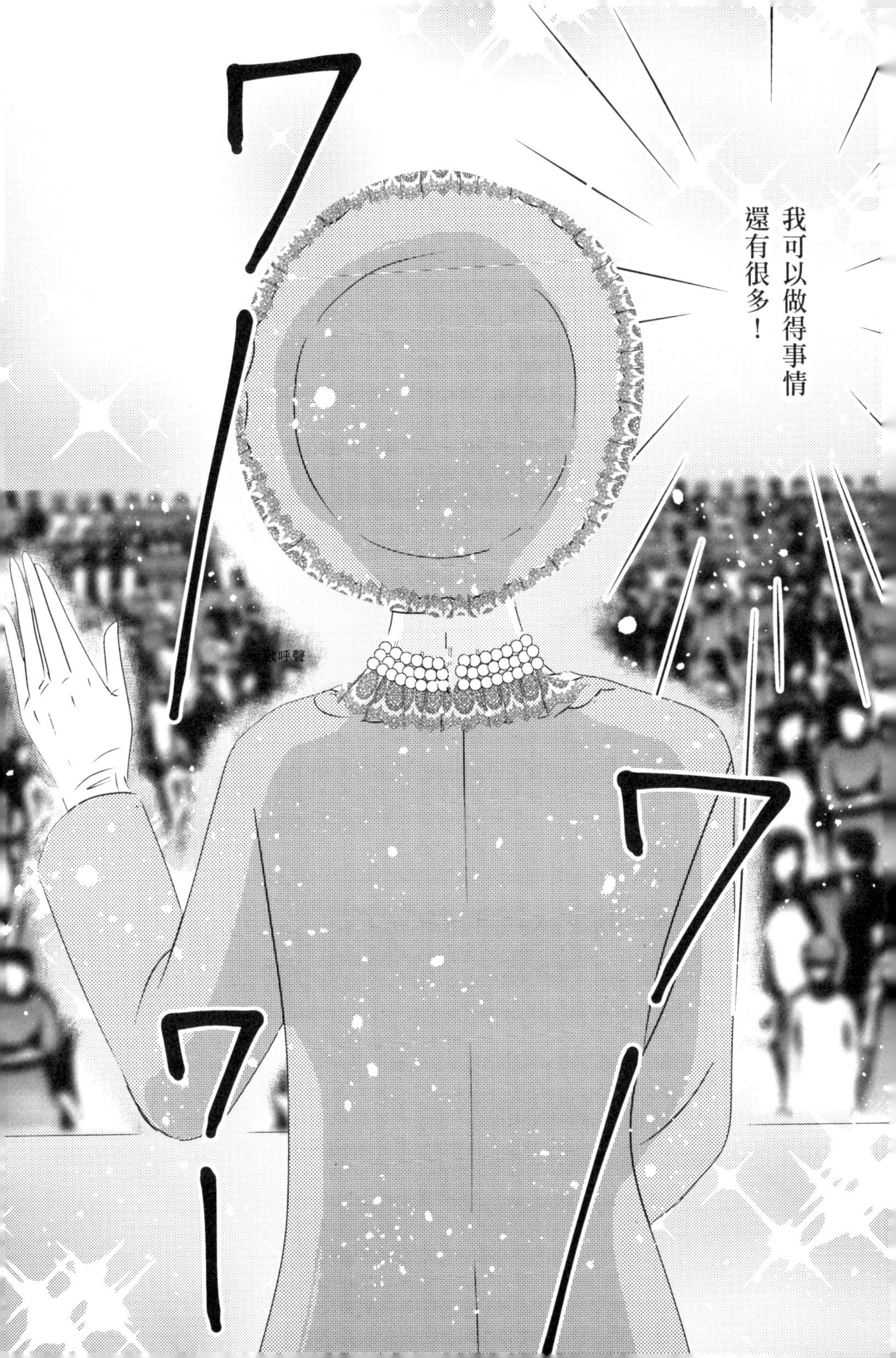
我可以做得事情
還有很多！
歡呼聲

伊莉莎白不只解決王室問題，也致力於穩定國際情勢（例如：消除歧視，解決國家之間的紛爭），為第二次世界大戰後的世界帶來安定。
1958～1975年
與義大利、西德、日本交流，與世界大戰時敵對的國家和解。
昭和天皇
1980年
協助非洲南部的辛巴威共和國獨立。

1991 年
協助廢除南非共和國的種族隔離政策

整合大英國協的成員國，強化邦交

＊2024 年 3 月的資料

伊莉莎白
廣受人民愛戴，
一生中跨越了各種危機。
這位留下偉大政績的女王
於二〇二二年9月
以96歲的高齡逝世。
直到過世前兩天，
她仍在處理重要公務，
盡自己所能，
將她的一生奉獻給英國百姓。

學 習 資 料 館

伊莉莎白二世……人物與時代背景

英國王室的宮殿是位在首都倫敦的「白金漢宮」（可參見書封與書衣照片）。
這是英國貴族白金漢公爵於 1703 年建造的宅第，
後來的國王喬治三世（伊莉莎白二世的高祖母維多利亞女王的祖父）
為了王后而買下，自維多利亞女王時代起，成為歷任君王居住與辦公的宮殿。

 影像來源 / Diliff via Wikimedia Commons

［印有女王肖像畫的加拿大紙幣（局部）］

大英國協的成員國當中，加拿大、紐西蘭等國是將英國君王奉為君主，而且多半在自己國家的紙幣上印有君王的肖像畫。右圖是 20 元加幣的部分特寫，上面印的是七十多歲時的伊莉莎白，在這之前還有伊莉莎白年輕時期肖像的紙幣。國際鈔券協會稱讚這款紙幣是「最能夠展現君主成熟風範的肖像畫」。

◉解說◉

風靡全球的伊莉莎白二世

英國王室記者　多賀幹子

各位是否知道「英國」這個國家呢？英國是位在歐洲北方的小小島國，是由英格蘭、蘇格蘭、威爾斯、北愛爾蘭這四大構成國組成的聯合王國。接下來要介紹的伊莉莎白二世正是統治這四大構成國的女王。除此之外，還有「大英國協（Commonwealth of Nations）」，這是與英國交好的國家所組成的國際組織，當中有幾個國家是遵奉伊莉莎白二世為國家元首，稱為「大英國協王國（Commonwealth Realm）」。

女王在位時間長達七十年，創下英國王室在位最久的紀錄。女王於二〇二二年九月駕崩，享耆壽九十六歲，這也是英國王室君主之中最長壽的紀錄。

◉在國內外均不容忽視的存在感

影像來源 / Yousuf Karsh

［英國前首相邱吉爾］

第二次世界大戰時率領英國的首相，享有全球的知名度，也是伊莉莎白即位當時的首相。他每週二傍晚固定要替女王講解法律與議會的習慣等，扮演類似家庭教師的角色；講到忘情時，甚至會聊到兩個小時。邱吉爾十分讚賞年幼的伊莉莎白，曾說她的「威嚴及深思熟慮令人驚嘆」。

伊莉莎白二世受到許多人的尊敬與愛戴。她收到世界各國的邀請，造訪過一百多個國家，而且世界各國的領袖也會前來拜會女王；尤其是美國總統一就任，按慣例首要之務就是發函向女王致意。女王在位期間，美國換過十四位總統，其中有十三位都曾來拜會女王*，包括甘迺迪、川普、拜登總統等人。世界各國的諾貝爾獎得主、學者、太空人、演員等也都會為了女王來到倫敦。

此外，女王每週會與英國首相討論政治、經濟、社會局勢等，定期會見邱吉爾、柴契爾夫人等十四位首相。女王也藉由世界各地發生的事情累積豐富知識。與女王講過話的人經常深受她透過大量經驗與知識培養出的見識與真知灼見而感動。

她在英國國內也經常參訪醫院、學校、幼兒園、博物館等，與工作人員或義工談話。女王喜歡聽人們說話，所以盡可能接觸群眾。談話結束時，她一定會面帶微笑以一句「謝謝你與我分享這些趣事」作結。民眾也很高興女王願意聽他們說話。

在白金漢宮、溫莎堡設晚宴接待世界級重要人物也是女王的重要工作之一，除此之外女王也經常出席國內的活動。女王喜歡園藝，曾到過在倫敦舉辦的雀兒喜花卉園藝展欣賞美麗的庭園。她也喜歡動

＊沒有拜會過女王的那位是詹森總統。他原本是甘迺迪總統的副總統，甘迺迪遭暗殺身亡後，他繼任為總統，卻沒能查明暗殺真相。

［英國的蘇格蘭賽馬場］

每年六月英國王室會舉辦賽馬（皇家賽馬會）。坐在特定席位的觀眾必須遵守自古以來的規定，配戴「直徑超過 10 公分的帽子」，後來漸漸演變成女性觀眾頭戴獨特設計帽子出席活動的慣例（可參見圓圈內的照片）。從小就愛馬的伊莉莎白也以馬主身分參與賽馬。

物，尤其擁有多匹駿馬；她開放蘇格蘭賽馬場給一般民眾參觀，與民眾一同享受賽馬樂趣。蘇格蘭賽馬場最為人津津樂道的就是與會女性都會戴著造型奇特的帽子。此外，女王每天會盡量回覆來自世界各地超過兩百封以上的書信，而且每天晚上持續寫日記，記錄當天發生的事情。

另外，無論工作有多忙碌，她仍舊重視家庭活動。女王與夫婿菲利普殿下之間有三個兒子和一個女兒，這些兒女底下又分別各有兩個小孩，所以她一共有八位孫子女，還有十三位曾孫子女。每位晚輩生日時，她都會送上賀卡和禮物。儘管每天公務繁忙，女王仍不忘維繫與家人的關係，她會在桑德令罕府與家人共度耶誕、交換禮物、去教會做禮拜。伊莉莎白盡可能努力完成身為女王的任務，同時也扮演溫柔母親、祖母、曾祖母的角色。

◉與日本親善友好

日本皇室與英國王室的交流由來已久。一九五三年，現任的太上天皇陛下，也就是時任的皇太子殿下，曾經受邀參加女王的加冕典禮。女王很歡迎這位從東方遠道而來的皇太子，還帶他去參觀賽馬

［搭乘日本東海道新幹線的女王］

伊莉莎白於 1975 年 5 月訪日時，曾搭乘從名古屋車站行駛到東京車站的「光號」新幹線；當時是東海道山陽新幹線開往博多的路線甫全線通車的兩個月後。起初日本的鐵路技術是效法英國，後來已經發展成能夠提供英國高速鐵路列車。伊莉莎白在 2017 年曾經試乘倫敦日立製作所打造的列車，列車就命名為「Queen Elizabeth II（伊莉莎白二世女王）」。

會。現任的天皇陛下在英國牛津大學留學那兩年，當時的查爾斯王儲也對他十分照顧，彷彿把他當弟弟。

女王與菲利普殿下曾在一九七五年訪日。當時女王對新幹線的感想是「比時鐘更準時」，很期待搭乘。新幹線的駕駛聽到女王這麼說，十分緊張，幸好列車最後一分不差的準時到站。女王一行人參訪了京都與三重縣，也到東京與NHK的時代劇演員們敘話。

在東京舉行的晚宴上，眾人期待著女王會發表什麼樣的演說內容。畢竟英國與日本在第二次世界大戰時是相互敵對的國家，仍有不少退役將士記得戰爭的痛苦。

晚宴上，女王談到英國與日本的共同點，表示日本人與英國人一樣，對於新知識有旺盛的探究心，而且重視傳統；同樣喜歡庭園，在各地都有知名庭園。在個性上也同樣內斂；車輛也都是靠左通行。英國和日本就像這樣，有很多共同點。她呼籲與其看雙方的不同，不如找出相似的地方，反而深得人心。女王說，一聽到「我和你不一樣」往往會產生距離感，所以兩國人民一起找出共同點吧。女王的立場是「統而不治」，她不能開口談論政治，但她積極以簡單的話語縮短國與國之間的距離，因此女王的王室外交被稱為是最佳軟實力。

[**經常使用絲巾**]

伊莉莎白不管是公務或私底下、時尚或防寒目的，都喜歡使用絲巾。尤其是觀賞運動賽事時，女王喜歡綁上絲巾防止頭髮被風吹亂。在下巴打結就是女王的經典造型。她在蘇格蘭由隨扈陪同散步時，用絲巾包著頭的休閒打扮，與一般民眾沒有兩樣。

影像來源 / Ray Bird

◉伊莉莎白女王的幽默感

女王說話經常愛開玩笑。一九八六年，她與菲利普殿下以國賓身分正式訪問紐西蘭時發生了一件事。這天女王走在路上，突然有人朝她扔雞蛋，幸好女王沒事，不過紐西蘭的安檢相關人員全都膽顫心驚，慶幸不是手槍等，不然就糟了。在當晚的晚宴上有人問起女王白天被丟雞蛋的事，讓許多人神經緊繃，沒想到女王開口先說了一句：「我最愛紐西蘭的雞蛋。」所有人聽了嚇一跳，旋即笑了出來。女王接著說：「我每天早上都要吃紐西蘭的雞蛋。」紐西蘭的警方與安檢相關人員都因此鬆了一口氣，內心十分感激。他們原本做好挨罵的心理準備，沒想到女王卻沒有斥責。女王總是會利用幽默感溫暖人心，緩和氣氛。

另外，某天她在隨扈的陪同下在蘇格蘭散步時，一位美國觀光客問她：「你見過伊莉莎白女王嗎？」女王裝傻回答：「沒見過。」接著又指著隨扈說：「不過他見過。」觀光客於是問那位隨扈：「她是什麼樣的人呢？」隨扈也跟著裝傻回說：「有點固執但人很好。」

女王最愛捉弄人、給人驚喜。二〇一二年，她欣然答應背著降落

影像來源 / W. Bulach via Wikimedia Commons

［女王最愛的巴爾莫勒爾城堡］

在眾多王室城堡之中，伊莉莎白尤其喜歡這座城堡（可參見前面的扉頁）。這裡是伊莉莎白的高祖母維多利亞女王的夫婿亞伯特於 1852 年買下後重新整建而成。在面積相當於四千多座東京巨蛋的廣闊腹地上，有一百五十棟建築，也是英國王室喜愛的避暑勝地。直到在這座城堡逝世的前兩天，伊莉莎白仍然在處理公務。

傘從直升機上降落到倫敦奧運開幕儀式的會場上，多數人也都相信女王真的跳降落傘了。女王事後聽聞這項消息，似乎非常開心。

身為嚴肅的君主，處理公務始終謹慎小心，說話卻不蠻橫反而率直且自帶幽默。或許也正因為如此，她才會受到全球民眾的敬愛。

◉時尚風格是為了英國百姓

女王的時尚風格獨特，經常穿著色彩鮮豔的套裝，不管是八十歲或九十歲，照樣選擇一身紅、一身黃或一身亮藍色。有人認為她「年紀這麼大了還這麼不懂事」，但她絲毫不在意，因為她這樣穿是有原因的。女王希望盡可能走遍全國各地，而她也認為讓群眾看到她很重要；畢竟有些人可能是一大清早就站在路旁等待許久，她希望讓這些人多少都能夠看到自己，即使只瞥到一眼，他們也會覺得：「我今天見到女王陛下了！」因此她認為服裝顏色必須明亮醒目。為了確保群眾從任何位置都能看到她，也為了讓民眾帶著愉快的心情返家，她故意挑選色彩鮮豔的服裝，希望縮短與百姓之間的距離。英國廣播公司BBC的問卷調查結果顯示，英國民眾每三人就有一人曾經親眼拜見女王的英姿。她的服裝也展現出想要與民眾站在一起的企圖心。

◉學習人物指南　伊莉莎白二世授勛的人

平成天皇［1933～］持續貼近民眾的「日本象徵」

平成天皇（現在的太上天皇）是昭和天皇的長子，一九五三年仍是皇太子時期時，曾經出訪英國參加伊莉莎白二世的加冕典禮，以天皇代理人的身分，加深與英國王室的交流。他效法女王接近民眾的做法，即位後積極探視日本各災區，特別是他雙膝跪地，與災民在同樣視線高度對話的風格，在歷任天皇中前所未見。平成天皇在位三十年間，在日本境內往來的移動距離大約可以繞地球十五圈半。一九九八年訪英的主要目的是去接受女王授予英國王族與外國王族的「嘉德勛章」。

迷你知識

平成天皇十二歲起跟隨美國籍家庭教師學習英文。一九五三年訪英時，與女王聊起騎馬與網球等話題，相談甚歡，全程幾乎都是自己用英文對答。

德蕾莎修女［1910～1997］為窮人奉獻人生的「世界之母」

本名是阿涅澤・岡婕・博亞久，出生在鄂圖曼帝國（也就是今天的北馬其頓共和國）一戶虔誠的基督教徒家中，看著母親接濟窮人長大。十八歲時得知基督教傳教士會走訪世界各地救助貧困，因此決心加入。前往貧窮問題嚴重的印度，在貧民窟設立學校等。後來她成為羅馬天主教仁愛傳教會的總會長，世人稱她為「德蕾莎修女」。她也盡力救濟孤兒與瀕死並為的病人等。一九七九年獲得諾貝爾和平獎、一九八三年獲得伊莉莎白二世頒發給對公共福利有貢獻者的「功績勛章」。

迷你知識

她曾經三次造訪日本舉行演講活動。一九八一年第一次訪日走在東京街頭時，看到沒有任何人幫助醉倒路邊的醉漢，十分震驚，因而感嘆日本社會「極度貧困」。

納爾遜·曼德拉［1918～2013］反對種族隔離，成功爭取自由的「南非之父」

南非過去曾是英國殖民地，獨立後，仍然持續著歧視黑人的「種族隔離政策」。曼德拉出生在農村望族家中，利用大學學到的法律知識，參與反歧視運動。一九六四年被判處終身監禁，但他在監獄中仍然不忘發揮領袖風範，要求改善囚犯待遇等。一九九〇年，曼德拉獲得釋放，翌年廢止了種族隔離政策。也因為他在反歧視上的成績，於一九九三年獲頒諾貝爾和平獎，並在翌年首次舉行的不分種族全民普選中，成為南非第一位黑人總統。伊莉莎白二世也在這段期間主張反對種族歧視，並強調人權的重要性。一九九五年，曼德拉獲得女王頒發的「功績勛章」，與德蕾莎修女同樣是對於外國公民罕見的舉動。

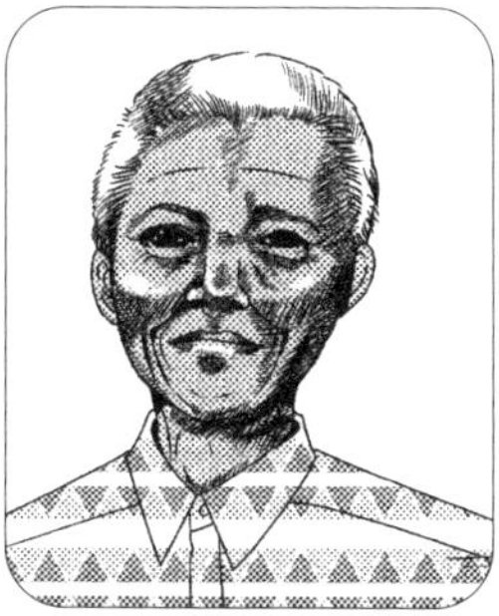

迷你知識

一九九一年，在非洲辛巴威的晚宴上，他第一次與伊莉莎白二世會面，而且很快就與讚揚他功績的伊莉莎白二世意氣相投。從此之後，他們互稱「伊莉莎白」和「納爾遜」，持續著與女王的好交情。

比爾·蓋茲［1955～］用電腦改變世界，對於促進人類健康也有貢獻

蓋茲出生在美國西岸的城市西雅圖，父親是律師，母親在婚前是老師。十三歲時，他就讀的中學購入個人電腦給學生使用，他因此開始熱衷於電腦程式開發。十五歲時他替在地的企業開發出計算薪資的電腦程式。十九歲時與朋友合作一起成立了微軟公司，開發出驅動個人電腦的「Windows」系統，因而躍升為全球最大的電腦公司。搖身一變成為資本家的蓋茲，受到熱心公益的父母影響，於二〇〇〇年成立「比爾及梅琳達·蓋茲基金會」，至今一直便秉持著「所有生命價值平等」的宗旨。退休之後，他致力於捐助協助改善窮人與孩童健康的慈善活動。二〇〇五年因其善行，獲得女王頒發給對社會有貢獻者的「大英帝國勛章」。

迷你知識

蓋茲在少年時期遍讀了各發明家的傳記，至今仍然以愛閱讀聞名。比方說，他曾經稱讚從美國林肯總統傳記中學習到許多解決社會問題的態度，還說是「人生必讀的五本書」之一。

年表

伊莉莎白二世的時代

西元	年齡	伊莉莎白二世的一生與王室大事紀
1926年	0	四月二十一日出生，為時任英國國王喬治五世第一個孫子女。
1936年	10	祖父喬治五世駕崩，伯伯愛德華八世即位，在位沒多久就退位，改由父親喬治六世繼位。
1939年	13	與後來成為她夫婿的希臘暨丹麥王族菲利普·蒙巴頓相遇。第二次世界大戰開打，撤離疏散到鄉下避難。
1947年	21	與菲利普·蒙巴頓結婚。
1948年	22	長子查爾斯王子誕生。
1952年	25	父親喬治六世駕崩，即位成為女王。
1971年	45	接見訪英的昭和天皇，與第二次世界

世界大事紀
1914～1918年 第一次世界大戰
1939～1945年 第二次世界大戰
1947年 歷史悠久的殖民地印度，脫離英國獨立。
1968年 英國宣布瑞士以東的軍隊撤軍。
1969年 美國的太空梭阿波羅11號成功登陸月球表面。

臺灣大事紀
1895～1945年 日本（大日本帝國）統治時期。
1945年 中華民國接收台灣。（蔣介石總統）
1947年 發生二二八事件。實施憲法。
1949年 實施戒嚴。發行新臺幣。古寧頭戰役。
1950年 韓戰爆發，臺灣進入戰時狀態。
1958年 八二三炮戰。
1971年 中華民國退出

年	年齡	事件
		大戰的敵對陣營和解。
1975年	49	正式訪問日本，會見昭和天皇。
1982年	56	查爾斯王儲與黛安娜王妃生下孫子威廉王子。
1992年	66	安妮長公主離婚、長子查爾斯王儲與黛安娜不合的報導等甚囂塵上，精神方面大受打擊。
1997年	71	黛安娜前王妃在法國巴黎出車禍死亡。英國民眾批評伊莉莎白二世的態度「冷血」。
2011年	85	查爾斯王儲之後的王位第二順位繼承人、也就是孫子威廉王子迎娶凱薩琳·密道頓。
2022年	96	舉行在位七十年的紀念儀式（白金禧） 九月八日因衰老而逝世。

＊年表的順序是根據實歲（出生時0歲，每年生日增加一歲的計算方式）列表。

1973年 英國加盟歐洲共同體（後來簡稱「歐盟」的歐洲聯盟）。

1989～1990年 柏林圍牆倒塌。美蘇結束冷戰，東西德統一。

1997年 英國將殖民地香港歸還中國。

2001年 美國發生多起恐怖攻擊事件。

2012年 舉行倫敦奧運。

2020年 英國脫歐（退出歐盟）。

2022年 新冠肺炎（COVID-19）全球大流行。

聯合國。

1987年 宣布解嚴。（蔣經國總統）

1995年 全民健保正式開辦。（李登輝總統）

1996年 第一條都會區捷運「臺北捷運木柵線」全線通車。

1999年 臺灣中部發生九二一大地震。

2004年 臺北101完工，2010年之前的世界最高大樓。（陳水扁總統）。

2014年 太陽花學運。（馬英九總統）

2019年 成為亞洲同性婚姻合法化首例。（蔡英文總統）

大人物養成漫畫❹

永遠的女王——伊莉莎白二世

●原書名／学習まんが人物館　エリザベス２世
●日文版審訂／多賀幹子（英國王室記者）
●漫畫／今井康繪
●編撰／日笠由紀
●翻譯／黃薇嬪

【參考文獻】
多賀幹子《英國女王傳授70歲起的品格》（KADOKAWA）、君塚直隆《伊莉莎白女王：史上最久、最強英國君主》（中公新書）、Matthew Dennison《The Queen》Apollo Publishing International、黑岩徹《迎戰危機的女王 伊莉莎白二世》（新潮選書）、小林章夫《女王伊莉莎白的治世——先進國家的王政記》（角川one主題21）、Marion Crawford《The Little Princesses: The Story of the Queen's Childhood》St. Martin's Griffin、池上俊一《王室英國：國王、海盜與大不列顛的崛起》（繁中版／世潮）、石井美樹子《圖解 英國王室》（河出書房新書）、Bertrand Meyer-Stabley《La vie quotidienne à Buckingham Palace sous Elisabeth II》Hachette Littérature、《國家地理雜誌特刊：伊莉莎白二世》等

發行人／王榮文
出版發行／遠流出版事業股份有限公司
地址：104005 台北市中山北路一段 11 號 13 樓
電話：(02)2571-0297　傳真：(02)2571-0197　郵撥：0189456-1
著作權顧問／蕭雄淋律師

2025 年 4 月 1 日 初版一刷
定價／新台幣 299 元（缺頁或破損的書，請寄回更換）

ISBN 978-626-418-140-2
遠流博識網　http://www.ylib.com　E-mail:ylib@ylib.com

◎日本小學館正式授權台灣中文版
●發行所／台灣小學館股份有限公司
●總經理／齋藤滿
●產品經理／黃馨瑝
●責任編輯／李宗幸
●美術編輯／蘇彩金

國家圖書館出版品預行編目(CIP)資料

永遠的女王：伊麗莎白二世／日笠由紀編撰；今井康繪漫畫；
黃薇嬪翻譯. -- 初版. -- 台北市：遠流出版事業股份有限公司，
2025.04
面；　公分. --（大人物養成漫畫；4）

譯自：学習まんが人物館　エリザベス２世
ISBN 978-626-418-140-2（平裝）

1.CST: 伊麗莎白二世 (Elizabeth II, Queen of Great Britain, 1926-2022）2.CST: 傳記　3.CST: 漫畫　4.CST: 英國

741.27　　114002599

※本書為 2024 年日本小學館出版的《学習まんが人物館 エリザベス２世》台灣中文版，在台灣經重新審閱、編輯後發行，因此少部分內容與日文版不同，特此聲明。

伊莉莎白二世留下的名言

I have to be seen to be believed.

【翻譯】

人民必須看到我，才能相信我。

解說

英國王室的訓示是「不可輕易顯露喜悅或悲傷等情緒」，伊莉莎白二世正是這句話的最佳寫照。

然而，最受英國民眾喜愛的黛安娜前王妃意外死於車禍時，民眾對於伊莉莎白二世沒有做出任何反應感到憤怒，紛紛表示：「女王太冷血！」考慮到繼續這樣下去會失去民心，伊莉莎白二世於是改變了過去的思維，在電視直播中發表聲明，表示對黛安娜之死感到悲痛。這種情況在當時是特例。此後，伊莉莎白二世積極在群眾面前表達自己的感受，不遺餘力行銷王室，成功找回人民的信賴。

筆者不清楚她是在何種場合說出這段話，不過這句話可說是女王的「格言」。這或許是有心向英國民眾展露自身情緒的伊莉莎白二世，經常掛在嘴邊的一句話。

運送伊莉莎白二世靈柩的靈車。女王直到最後都想讓民眾看到自己，所以生前指示將靈車設計成四面都是玻璃。